サッカー監督の決断と采配

傷だらけの名将たち

はじめに

Ｊリーグの取材に携わるようになって、丸16年が過ぎた。

大部分は大分トリニータというチームの番記者としての仕事になる。Ｊ１からＪ３まですべてのカテゴリーを往き来しながら、当事者であるチーム、その母体となるクラブ、彼らを支えるサポーターや関係者など、さまざまな人たちの機微に触れてきた。

ひとつの勝敗が人生を分ける世界だ。

ひたすら勝利へと突き進みながら、ときには敢えて手綱を緩め、引き分けという次善策を選択することもある。圧倒的勝利を理想としつつ、現実では泥臭く逆風に立ち向かっていく。

予期せぬアクシデントにプランを狂わされることもある。東日本大震災が列島を揺らがせ、新型コロナウイルス禍が世界を見舞った中で、ＪリーグもＪその大きな影響を避けられなかった。負傷や病といった個人レベルの問題が、チーム全体の危機につながることもある。

時折そんなものたちにも苛まれながら、たどり着くべき栄光のイメージに向かい、コツコツと積み重ねる日々の地道さ。それを結実させて掴み取る輝かしさが、どれだけうれしく誇らしいものであるか。それもまた、チームを取り巻くすべての人の日常を彩り、人生に起伏をもたらしていく。

サッカーが極上のエンターテインメントであり得るのは、関わる人たちがそれぞれに、つねに全力で人生のすべてを懸けているからこそに他ならない。

そのめくるめく戦いの最前線に立つのが、チームを率いる監督だ。指揮官としてのひとつの判断が、実に多大な影響を及ぼす。

世界各国で楽しまれているサッカーの、この国のJリーグでも、ときに殺伐とし、ときに豊かに潤う駆け引きが続けられて30年が経った。その間にはJリーグならではの文化が着実に培われ、そのひとつとして、多くの名将たちが生まれている。

ビッグクラブを率いる監督にはビッグクラブの監督なりの難しさがあり、地方を拠点とする予算規模の小さなクラブの指揮官にはその小ささなりの苦労がつきまとう。戦績がともなわなければ愚将と貶められもしながら、懸命に「いま、ここ」の受容と打開を繰り返していく、過酷な仕事だ。

試合中のテクニカルエリアで、日々のグラウンドで、迫られる決断の連続。その際の逡巡やその果ての選択に、それぞれの哲学や人となりが見える。

番記者として自らが担当するトリニータの、またその対戦チームの監督たちの、そのときどきでの決断とそれが招いた結果を取材しながら、彼らの肚(はら)の括り方に、深く魅了されてきた。

日頃はなかなか知ることの出来ない決断ドラマの舞台裏。手に汗握る好ゲームを演出するのみならず、生きざまそのものが極上のエンターテインメントともなるサッカー監督たちの真実に、迫りたいと思った。

もくじ

イラストレーション　田渕正敏
デザイン　漆原悠一（tento）
編集協力　鈴木康浩
編集　森哲也
印刷　シナノ書籍印刷

非情になれなかった男

田坂和昭

放っておけない問題児たち

「おい、なんだよそのネクタイの仕方は」

思わず噴き出しながら、田坂和昭は言った。アウェイへと出発するバスに乗り込む前田俊介のスーツ姿が、なんともユルい。

「そういうの、子供が見たらどう思うんだよ。酔っ払ったサラリーマンみたいじゃねぇか」

指揮官に指摘されて、少年だった頃から天才と呼ばれてきたストライカーはニヤニヤしながらネクタイを締め直す。

2011年1月、初めて監督という責務に就いた大分トリニータでの田坂の最初の仕事は、選手たちにロッカールームの掃除をさせることだった。

「ロッカー周りはグチャグチャだし、スパイク脱ぎかけたまま土足で上がってくるなんてあり得ないだろ」

はあい、と素直に片づけはじめる選手たちはまるで教師に叱られた小学生のようだ。

「いい選手の部屋は大抵、きちんと片付いてる。そんなの関係あるのかって思うかもしれないけど、不思議とそういうもんなんだよ」

1971年、広島に生まれた田坂は、東海大学卒業後、Jリーグに昇格したばかりのベルマーレ平塚（現・湘南ベルマーレ）でプロデビューした。献身的なボランチとして評価を高め日本代表にも選出されると、その後は清水エスパルスとセレッソ大阪でプレーし、2002年かぎりで現役を引退。31歳という若さでユニフォームを脱いだのは、指導者になりたいという思いの強さからだった。

セレッソのアカデミーで指導者としてのスタートを切り、トップチームでもコーチを務める。2005年にS級ライセンスを取得して、翌年からはエスパルスでサテライトチームの監督とトップチームコーチを兼任しながら、まだ若手だった岡崎慎司や大前元紀らの指導に当たった。なかなか試合に絡めない選手たちにとっては、よき兄貴分という存在感。選手がやんちゃなことをすれば「いまお前がそういうことをしたら、他の選手が大変だろ？」と時間をかけて話して聞かせた。育成畑から叩き上げられた指導者気質は、トリニータで監督になってからも変わらなかった。

チームというものは、とかく不安定になりがちだ。特に成績が芳しくない時期などには、さまざまな問題が噴出する。チーム自体が上手く行っていても、自分が試合に絡めないと不貞腐れる選手も現れる。自己管理の苦手な選手もいれば、普段は優等生な選手が感情をコントロールできずにチームの和を乱すこともある。

田坂は、そんな選手たちにその都度、エネルギーを注いで真っ向から向き合った。

「他の監督だったら放っとくんじゃないですか？」

思わずそう訊いてしまうほどに、その様子は手厚いのだ。毎週やってくる試合に向けて戦いの準備を進めなくてはならない中で、すでに大人で、しかもプロとしてクラブと契約を結んでいる一人の選手のワガママや気持ちの揺らぎに、本来ならばそんなに丁寧に割く時間も労力もないはずなのだが。

異形の者として扱われた過去

「それは、俺が生まれ育った環境のせいもあるのかもしれないな」

と田坂は自らの内面を見つめるように言った。

「はたから見たら『こいつやんちゃだな』『ワガママだな』『みんなに嫌われてるな』っていうやつの気持ちも、わからんでもないんだよね。俺はイジメには遭ってないけど、孤独な人生だったから」

先天性無毛症のため、田坂には生まれながらにして髪や眉がない。それをネタにして、幼少時には周囲の子供たちにからかわれた。

髪がないことを隠すように、いつも広島カープの帽子をかぶっていたが、幼稚園に通っていたある日、ふと考えた。

「俺、高校生や大学生になってもこのままこの帽子かぶってるのかな。大学生でカープの帽子かぶってる人いないよな。サラリーマンでスーツ着てカープの帽子かぶるのも変だよな」

思えばあれが、初めて大人というものを意識した瞬間だったという。

人一倍負けん気の強かった少年は、からかわれると逆に「ふざけんな」とこちらから向かっていき、喧嘩ばかりしていた。周囲から〝異形の者〟として扱われることへの反骨心が、田坂のアイデンティティー形成の源だったのかもしれない。

「問題児に見える選手にもそれなりに悩みがあるわけよ」

そう言いながら、対話する労を惜しまなかった。

自分がそうやって生きてきたから、他人の痛みがわかる。つらい状況に置かれた人や理不尽な目に遭っている人に出会うと、自分のことのように表情を歪めた。

福島ユナイテッドFCの監督に就任した2017年、そのシーズンの開幕戦は奇しくも、東日本大震災の発生からちょうど6年目だった。それを受けて田坂は、選手たちに切々と訴えた。

「3・11は福島にとって本当に大事な日なんだ。だから絶対に勝たなきゃいけない。内容とか戦術とかは、もうどうでもいい。別に福島の人たちはそんなこと望んでいないかもしれないけれど、福島に来た以上、俺たちはこのことを背負わなきゃいけないんだ」

被災して、一度は潰れるかと思われたクラブ。練習場としていた運動公園の体育館が避難所になっていた時期もあった。そういう日々を乗り越えて日常を取り戻そうと頑張ってきた福島の人たちに、なんとしても勝利を届けたい。そんな一心で戦い、思いを遂げて勝利した後の記者会見でそれについて問われると、堪えきれずに号泣した。

田坂という人は、そんな男なのだ。

「サッカー選手である前に、まず人であれ。人としてどういう行動を取るかを考えろ」

率いるチームの選手たちにつねづねそう言い聞かせ、自らもそうやって生きてきた。

「俺は棺桶に入ったときに『ター坊よく頑張ったね』『ター坊らしいね』って言われて死ぬのが夢だからさ」

そのせいで散々な目に遭ったことが、幾度もある。結果的に人から利用されたり、損な役回りを押しつけられたりしたこともあった。それでも、後悔している様子がまるでない。誰かを恨むこともない。そもそも自分が犠牲になったという自覚もあまりなさそうだった。何かが起きたときに心配しても「いいじゃん、あれはもう、そういうことだったんだよ」と言って、いつもケラケラ笑っていた。

ダメージを受けていないわけはないのだが、生来の負けん気も手伝うのか。とにかく敏感な共感性を刺激されると「何か出来ることを」と自らの身を削るような真似をするので、ときどき、見ていてハラハラした。

開幕戦を前にして突然の御乱心

２０１５年、田坂は人生初の「解任」を経験した。

監督キャリアをスタートした大分トリニータでの5シーズン目のことだ。

2シーズン目にプレーオフを制してJ1昇格を果たすと、翌年はJ1でなかなか勝てず1年でJ2に逆戻り。それでも当時のクラブ社長や主要スポンサーからの田坂への信頼は厚く、本人が引責辞任を申し出たところを引き止められて留任した。4年目は最終盤までJ1昇格争いに絡みながら、勝点わずか1届かずにプレーオフ出場権を逃し、次こそはと仕切り直しを誓って臨んだ年だった。

ところが、開幕のカマタマーレ讃岐戦で田坂は、それまでなら絶対にしなかったような采配をした。プレシーズンには一貫して山口貴弘をディフェンスリーダーに据え守備組織を構築してきたにもかかわらず、開幕戦の数日前になって突然、山口を先発メンバーから外し、ブラジル国籍ディフェンダーのダニエルを3バックの中央にすげ替えたのだ。そんな急造布陣で組織が機能するわけはなく、その試合での守備はガタガタ。0-2で敗れた躓き感も半端なかったが、それ以上に連係のカケラもない惨憺(さんたん)たる試合内容が衝撃だった。ベンチメンバーとして帯同していた山口は試合後、「僕はこの試合について何も言うことはありません」とだけ言って、チームバスに乗り込んでいった。

つねづね「練習での積み上げが大事」と言ってきた田坂に何があったのか。ミックスゾーンでその理由を問い詰めると「直前のトレーニングマッチで、ぐっさんの出来がよくなかったんだよ……」と答えたが、どうにも歯切れが悪く、とても納得できる答えではない。

どういう御乱心なのかと訝りながら見守っていると、その後もチームはボタンを掛け違えたかのような戦いを続けた。それまでのシーズンで操っていた多彩な戦術が、逆に乱気流に飲み込まれたかのように方向性の定まらなさへと反転していた。

明らかに何かがおかしいと思って周囲が問いただしても、田坂は「何か上手く行かないんだよ」と言うだけだ。根が過ぎるほどの正直者なので苦しげな表情は隠せないが、具体的なことは何も口にしなかった。

5月31日のJ2第16節・ギラヴァンツ北九州戦に敗れると、その翌日、ついに解任が発表された。クラブ内では反対意見も多かったが、2勝5分9敗でJ2残留に黄信号が灯りっぱなしという戦績では庇いようがない。田坂の後任には当時の強化部長が収まったが、監督未経験の新人指揮官にとってJ2という難しいカテゴリーでの残留争いは厳しかった。最後まで足掻き続けたトリニータだったが、J2・J3入れ替え戦で力尽きたように町田ゼルビアに敗れる。クラブ史上初であることはもちろん、Jリーグ史上においても、初めてJ3にまで降格したJ1経験クラブという不名誉な記録を背負うことになった。

「しばらく休んで勉強し直すよ。ひさしぶりに海外にも行ってこようかな」

任を解かれた田坂は気持ちを切り替えるように言ったが、わずか1ヶ月の間に、事態はまさかの急展開を迎える。古巣である清水エスパルスから、ヘッドコーチ就任のオファーが届いたのだ。エスパルスは当時、J1残留争いの真っ最中。かつてエスパルスを率いた長谷川健太監督の下でヘッドコーチとして優秀な手腕を振るった田坂に、クラブレジェンドでもある大榎克己監督の右腕を託したいという意向だった。

さすがにトリニータを解任された直後でもあり、丁重に断りを入れるつもりで、新幹線で清水に向かった。だが、事務所に着くと大榎監督を筆頭に、かつてお世話になった面々がずらりと顔を並べている。現役時代からリスペクトしていた大先輩の大榎から頭を下げられて、断れなくなった。かくして7月2日、田坂はエスパルスのヘッドコーチに就任する。

その1ヶ月後には大榎監督が成績不振により辞任した。「大榎さんが辞めるなら僕も辞めます」と田坂が言うと、「それは困る。ほかにやってくれる人がいない」と後任を依頼された。「いまから立て直すのは正直、難しいですよ」と訴えたが「それでもいいからなんとか頑張ってほしい」と頼み込まれると、それ以上は何も言えなかった。

「貧乏くじを引きに行ったようなもんじゃないか」

田坂の周囲はしみじみと呆れた。はたから見れば、まるで責任を押しつけられる筋書きが出来ていたと勘繰られても仕方のない図式だ。それでも田坂は「仕方ないんだよ、だって他にやる人がいないっていうんだもん。それに実際に俺が勝てなかったんだから」と、好成績を残せなかった悔しさを噛み殺しつつ、強がってみせるばかりだった。

そんな具合だから当分は仕事のオファーも来ないだろうと思っていたが、2016年は松本山雅で反町康治監督の下、コーチとして働いた。その翌年にはJ3・福島ユナイテッドFCの監督に就任すると、いまでこそJリーグでもポピュラーになったジョゼップ・グアルディオラの「偽サイドバック」を誰よりも先駆けて取り入れるなど、変わらぬチャレンジスピリッツを披露した。2019年からは栃木SCで指揮を執る。ここでもなかなかまとまらないチームに手を焼く様子が見られたが、福島で早々にポジショナルプレーを実践した田坂が、今度はストーミングの要素を取り入れてインテンシティー重視のゲームモデルを打ち出し、「球際が荒過ぎる」「いや、日本のサッカーにはこれこそが欠けている」と賛否両論を巻き起こした。

4年後に明らかになった真実

2015年の大分トリニータで田坂の周辺に何が起きていたかが明るみに出たのは、その年のことだった。

例年のように胸を躍らせて開幕を待つJリーグファンたちを深い悲しみに突き落とす、一通の訃報が届く。

2月10日、ダニエル・シルバ・ドス・サントス、逝去。享年36歳。

2009年にヴァンフォーレ甲府に加入し、2012年からは名古屋グランパスでプレーしたブラジル生まれのプレーヤーだ。ヴァンフォーレではセンターバック、グランパスではボランチで活躍した。

２０１３年かぎりでグランパスとの契約が満了となり、一旦ブラジルに帰国していたが、翌年9月に大分トリニータと契約して再びＪリーグへ。田坂は早速、ダニエルを主力に据える。中盤の底や最終ラインで起用すると、１８６センチの長身から一発で前線にまでボールを跳ね返せるヘディングは、守備から攻撃へと切り替える強力な武器になった。

そんな力も得て、今季は惜しいところでＪ１昇格を逃したが来季こそはとリベンジを誓った矢先の12月、田坂の元にショッキングな報せが舞い込む。

「えっ、ダニエルが肺ガン？　しかもステージⅣ……!?」

クラブから報告を受けた田坂は耳を疑った。体の不調を覚え病院で検査を受けたダニエルにとっても、その診断結果は青天の霹靂（へきれき）だったという。抗ガン剤治療でいい方向に向かえば復活できる可能性もゼロではないが、最悪の事態になれば余命は数ヶ月しか残されていないという報告に、足が震えた。

そんなダニエルと来季の契約を結ぶかどうかという段になったとき、田坂は渾身でクラブに頼み込んだ。

「なんとか契約してください。彼に少しでも長くサッカーをやらせてあげたい」

ダニエル自身とも話したが、ダニエルよりも妻のほうが精神的に滅入っていて、毎日泣き暮らしているという。自分が病気になったことよりも妻の涙を見るほうがつらいと俯くダニエルを前にして、俺にとってチームの選手たちは息子のようなものだと日頃から話している田坂の

〝親心〟に火が着いた。

「人として彼と出会って、あとどれだけ生きるかわからないけど、俺らだっていつまでサッカーが出来るかわからない中で、それこそ彼は終わりが見えてるわけよ、目の前に。それを見捨てるわけにはいかないよね。だから責任は俺が取る」

捲し立てる田坂を前に、当然、クラブとしても気持ちは同じだ。だが、メディカルチェックの段階でＪリーグからストップがかかった。ダニエルのガンはすでに脊髄にまで転移しており、万が一、試合中や練習中に背骨が折れるようなことがあれば、即座に命に関わることになりかねない。あまりに危険だというのが理由だった。

田坂とともに当時の社長や強化部長も、ドクターに協力をお願いしながらＪリーグに頼み込んだ。結果、「練習場や試合会場にすぐに救急車が呼べるよう病院に手配しておくこと」「体調がよくなければ直ちに登録を抹消すること」を条件に、ダニエルとの契約更新が認められる。

ダニエルのために。

そのときの田坂は、その一念で張り裂けそうになっていた。血液のすべてがそのために滾っているような状態だった。２０１５年は自分がトリニータで指揮を執る最後のシーズンだと密かに思い決めていたこともあり、全員が集合した最初のミーティングでこう言い放った。

「今季の目標はズバリ、Ｊ２優勝とする」

選手たちは唖然とした。それでなくとも前年の主力が大幅に抜け、また最初からチームの土台を作らなくてはならない状況なのだ。

新体制発表会見でも同じことを言った田坂に、集まった報道陣は「大きく出たね……」と囁きあい、その驚きはサポーターの間にも、さざなみのように広がっていった。

周囲のざわめきを十分に認識しながら、田坂は思いを貫くように、ダニエルをキャプテンに任命した。

冷静さを欠いた采配

真相を知らない者からしてみればあまりに唐突だった、開幕のカマタマーレ讃岐戦でのダニエルの起用。直前のトレーニングマッチで山口が失点に絡んだことは確かに事実ではあったが、それを理由にするのは、ダニエルにプレーさせたいという思いを覆い隠すための方便でしかなかった。むしろ前年、田坂はダニエルをボランチで起用していたのだが、対カマタマーレ戦術の中では最終ラインで使うほうが効果的と考え、内心では山口には申し訳ないと思いつつ、ダニエル優先で布陣を組んだのだった。

トレーニングでも出来るだけ、他の選手たちと同じメニューに取り組ませた。思えばその頃、ときどきダニエルが練習の合間にベンチやクーラーボックスに腰掛けているのを見かけることがあった。もともと明るい性格だったのに、最近はあまり機嫌がよくないようだなと感じたこともある。春先には抗ガン剤投与のため、一時的にチームを離れた。それでも、ポルトガル語通訳と一部のメディカルスタッフを除く関係者や選手たちに、真相は知らせていない。どこからか噂が広まってダニエルがサッカーを続けられなくなることを、田坂は恐れていた。

抗ガン剤の副作用で顔一面に発疹が出たダニエルを見て、チームメイトたちは「ダニ、どうしちゃったのそれ⁉」と笑った。まさか一緒にトレーニングしているキャプテンがステージⅣのガンに冒されているなどとは思ってもみない。夏過ぎにはダニエルはずいぶん痩せていたが、「少しばかり体調がよくない」という説明を、誰もが疑うことなく受け入れていた。

何かアクシデントが起きればダニエルの生命は危険に晒され、クラブの責任問題にも発展する。田坂とクラブ上層部の事情を知る者たちが、その頃、どんな思いで試合に臨んでいたか。主力が大幅に入れ替わり、組織を新たに構築していかなくてはならないシーズン序盤、戦術家と呼ばれてきた田坂の采配は、ダニエルへの思いの強さに引っ張られて冷静さを欠いていた。「いまダニはコンディションがよくないようだからメンバーから外しましょうよ」とコーチたちに言われても「いや、お願いだからここはダニで行かせて」と、理由も告げずに田坂が独断で押し切るので、次第にスタッフ間の空気も微妙になってくる。大半のスタッフはそれまでの関係性もあって田坂のことを信じていたが、それでも今季の監督はどこかおかしい、という疑問を、それぞれに抱くようになっていった。

そのさきのことを案じながら田坂が大分トリニータを離れた後も、ダニエルは出場を続けた。

チームの戦績は一向に上向かなかったが、J2・J3入れ替え戦の第1戦では、フリーキックに合わせてのダニエルの先制点も生まれた。トリニータはセンターバック2人が退場して目を覆いたくなるような試合展開となったが、ダニエルが決死で挙げたアウェイゴールにより、第2戦へと望みがつながった。だが、そのチャンスを生かすことが出来ず、トリニータはJ2残留を果たすことが出来なかった。

J3降格により、多くの選手の流出が予想された中、「1年でまたJ2に戻ります」というコメントとともに、先陣を切って契約を更新したのがダニエルだった。キャプテンとして、チームを残留させられなかった責任を負うかたちだったが、そこには1年前、末期ガンに冒された自分とリスクを承知の上で契約を結んでくれたクラブへの恩返しの意味も、密かに込められていた。

オフシーズンの間に手術を行ったダニエルは、新たに就任した片野坂知宏監督の下、センターバックを主戦場に19試合に出場し2得点を挙げた。J3優勝とJ2復帰を決めた最終節、アウェイでのガイナーレ鳥取戦はメンバー外で、ともにその瞬間を喜びあうことは出来なかったが、ダニエルの力もチームを支える一端になっていたことは間違いなかった。

勝負の世界に持ち込まれた情

大分市内の病院に入院中のダニエルから「どうしても会いたいから来てほしい」と田坂に連絡があったのは、２０１６年の11月のことだった。

田坂が見舞いに出向くとダニエルは、トリニータとの契約が満了となったこと、母国へ帰って治療を続けることを告げた。

ガンに冒されていることがわかって以後、田坂はダニエルを励まし続けた。

「なあダニ。サッカーしてるときがいちばん幸せだって言ってただろ？　だったら出来るだけ長くサッカーやろうぜ。みんなでなんとか支えるから」

そんな田坂に、ダニエルは渾身で感謝を伝えようとしていた。

「田坂さんがいたからサッカーが出来ました」

涙を浮かべるダニエルに、田坂も「ダニ、ありがとう」と伝え、固く手を握り合った。そしてそれが、ダニエルと交わした最後の言葉になった。

ブラジルに帰ったダニエルは病と闘いながら、若い頃にプレーしたＡＤカボフリエンセで、U-17のコーチとU-20のアシスタントを務めた。初めて指導者となったとき、ダニエルの脳裏に「サッカー選手である前に、まず人であれ」といった田坂の言葉が蘇ることはあっただろうか、と思う。

２０１９年２月。田坂はダニエルの訃報を、当時指揮していた栃木ＳＣのフロントから伝えられた。

「田坂さんがいてくれたから」

ダニエルが最後に伝えてくれたその言葉が、遺されたもののすべてだった。ダニエルに出来るだけ長くサッカーを続けさせてやりたい、その思いだけで突き進んだ結果、２０１５年のトリニータは低迷し、田坂自身も監督の職を追われた。

「自分のことはいいんだよ。『しゃーねえな』と思ってたし。ダニを使ったから勝てなかったんだろって、結果論としては言われるかもしれないけど、それは俺がダニを使った上で勝てていればよかったんだから。そこはもう、肚を括っていた」

言葉に力を込めながら当時のことを振り返る姿を前に、こちらも「こういう人が監督だったんだから、しゃーねえな」と田坂の言葉を心の中で真似て、少し苦笑いしていた。結局、皆が「監督である以前に人として」田坂のことが大好きなのだ。誰かのために何かをしたいと思ったら、あとさき考えず周りも見えなくなるくらいに突っ走ってしまう。そんな田坂が何かをしたがっているときは大抵、私利私欲ではなく切実な誰かのためだとわかっているから、「いいよ、任せた。こっちも肚を括ってついていくよ」ということになる。なにごとも一蓮托生の監督というポストに田坂を据えたらもう、そうなることはわかっているではないか。

だがそのとき、「でもね、」と田坂が続けた。

「あの頃は、ただ単に自分の情だけで動いていた。結果、たくさんの人に迷惑をかけたと思う。エスパルスに行ったときもそうだよ。克己さんを助けたい、ただその思いだけで、家族にも負担をかけた。でも、いまになって思えばこの勝負の世界で、チームに関与している人はたくさんいる。スタッフにしてもその家族にしても、選手にしても、サポーターやスポンサーにしても。だから俺たちは勝ってナンボなんだというのが、この10年以上の経験の中で、あらためてわかったんだよ」

岡田武史や西野朗ら先輩指導者たちの「絶対に情に流されてはダメだ」「勝負の世界に情を持ち込むのはよくない」といった言葉を、もちろん知らないわけがない。だから自分を客観的に見たときに、情に流される部分が弱点なのかもしれないと思う。周囲を見渡せば、いい戦績を挙げている監督たちはやはり、随分とドライに戦っているように見える。

「だけどそれはそれでその人のやり方で、俺には俺のやり方がある。世間がどう言うか知らないけど、世間は世間、俺は俺。俺はそれで結果を出せればいいじゃん、と思ってるから。実際それで勝ってる試合もあるし。そういうものでダメになることもあるかもしれないけど、エネルギーを引き出すこともあるからね」

自分の弱さを認めた上で、田坂に迷いはなかった。

ドライになるための一歩

福島ユナイテッドFCを率いていた頃、田坂はメンタルトレーニングを学ぶために、月に1度、岐阜に通い、大学生に混じって白石豊教授の講義を受けた。スポーツ運動学とメンタルトレーニングの二本柱を専門とし、2010年W杯南アフリカ大会に臨む岡田ジャパンのチームづくりもサポートした、幅広い競技のトップアスリートやコーチへの指導歴を持つ人物だ。

栃木SCの監督に就任してからは通信教育でコーピング理論を学び、コーチの資格も取得した。一種のカウンセリングのように、ストレスのかかった現状を客観的に分析させ、どういう問題点をどう解決していくかを本人の言葉にして引き出すよう誘導していく指導法で、スポーツ界でも注目を集めているものだ。田坂自身も2人のコーチについていて、たとえば「いまチームが何を目指しているか」というところを起点に「ではそれに向けてどうやってチームビルディングしていくか」を考える。コーチの質問に自分の思いを引き出してもらい、思考をまとめて、問題解決へと具体的に歩を進めていくのだ。

田坂は毎日の練習後、背番号順に1人ずつ、選手たちに1分間のスピーチを課した。考えていることを言葉にするのが苦手な選手も多い。それでも少しずつ、仲間の真似をしたり田坂にイジられて誘導されたりしながら、活躍したい、結果を出したい、自分の力をチームのために役立てたいといった思いを表現するようになってきた。

「選手をどうやってその気にさせるかというところで、こちらがああやれ、こうやれと言ってもなかなか上手く行かないからね。選手のことをよくしたいから関与していくんだけど、こちらがコントロールできない部分もあるでしょ。たとえば完全に性格を変えることは出来ないし、家を引っ越せとかも難しい。でも、いまチームはこういうサッカーをしてるけど、あなたのいいところはこういうところだから、それはこのサッカーでプレーとして引き出せるよね、といったところはコントロールできる。そういう区別もこれまでは感覚でやってきたけど、理論を取り入れることによって、よりドライな考え方にしていけるの。いままで積み上げてきたもので勝負に勝つためには、コントロールできないことに悩んでいても仕方ないからね」

専門的な知識をつけたことで解決への近道を見つけることも出来るし、選択肢も増える。選手へのアプローチにおいても、新たに枝葉が芽生えた。

そういうことを考えるに至ったきっかけのひとつは、大黒将志との出会いだ。田坂が就任する前年に栃木に加入した、元日本代表フォワード。若い頃からビッグクラブで華やかなＪ１のピッチに立ちフランスやイタリアでもプレーした経験豊富なストライカーは、Ｊ２でしかプレーしたことのない選手が大半のチームの中で、一人だけ異なる毛並みを見せるようだった。粒が揃わないチームをひとつにまとめるのは難しい。もともと大黒自身が、揃う粒になるタイプでもない。生まれ育ったガンバ大阪を出て以降はほとんど1シーズンか2シーズンでクラブを転々としたのも、そういったある種の扱いづらさがあったからかもしれなかった。

「俺、オグリには非情になりきれなかったんだよね」

田坂は大黒と過ごした2019年をしみじみと振り返る。

プレシーズンのキャンプ中に負った怪我を引きずってコンディションが上がらない大黒を、正直なところ使えないと思いながら、それまでの実績を考えるとみすみすメンバーから外す決心もつかず、そのせいでチームづくりに苦労することになった。他の選手たちは他の選手たちでやりたいことがあり、それらがまったく噛み合わない中で頭を悩ませる日々が続く。2016年に残留争いで苦しんだ清水エスパルスのチーム状況にも似ていた。

そこで役立ったのが、メンタルトレーニングの知識だった。エスパルスでの経験も下敷きにしながら、段階的にチームを作っていったのだ。エゴを捨ててチームのために戦える選手、自分がチームに貢献すればチームがよくなると考えている選手は、接しているうちに自ずとわかってくる。最初はそういう選手だけで小さなグループを形成し、田坂の考えを浸透させた。それをピッチで体現できる選手を集めつつグループをだんだん大きくしていくと、輪の外にいた選手たちも、徐々にその中に入りたくなってくる。そうやって田坂は時間をかけて、チームをひとつにまとめていったのだった。

50歳のヒーローズ・ジャーニー

「みんな、『ヒーローズ・ジャーニー』って知ってる?」

チームとしての一体感をなかなか持てずにいた選手たちに、2019年、田坂はミーティングで呼びかけた。

それはアメリカの神話学者、ジョゼフ・キャンベルが1949年に『千の顔を持つ英雄』という著書で発表した、ヒーローたちの成長物語の構造にまつわる理論だ。洋の東西を問わず世界中の神話を研究する中で、キャンベルはあることに気がついた。主人公たちの姿形やその世界観は国柄や地域によってさまざまだが、彼らヒーローの物語はいずれも、ひとつの法則に当てはまっている。その大まかなパターンはこうだ。

ごくありふれたどこにでもいるような主人公が、ある日突然、「お前の力でこの村を救うのだ」といった具合に重大なミッションを授けられる。最初は「えっ、俺なんかにはそんなの無理です」と尻込みする主人公だが、結局は断りきれずに押し切られ、使命を果たすために旅に出る。その道のりにはいくつもの試練があり、脇道へと誘う悪魔がいるのだが、師匠や仲間たちといったアドバイザーのような存在の力も借りながら、主人公は障壁を乗り越え、成長を重ねていく。物語のクライマックスでそこに至るまでのすべての経験をパワーに変え、最強のラスボスを倒した主人公は、ミッション完遂後に故郷へ帰ってかつての暮らしへと戻る。そこにいるのは過去の主人公とは異なる、大きく成長を遂げたヒーローだった、という筋書きだ。

この神話論はかの映画監督ジョージ・ルーカスをも大いに触発し、『スター・ウォーズ』制作に多大な影響を与えたという。言われてみれば『ロード・オブ・ザ・リング』や『ハリー・ポッター』、近年では『鬼滅の刃』といった数々の多彩な作品も、ほぼほぼこの構成に当てはまる。

「あなたたちはそういう使命を背負っているヒーローだ。そして最後はみんなで一致団結して戦う」

田坂はそう言って選手たちを乗せた舟を英雄の旅へと押し出し、その年もタフにシーズンを乗り切った。

それから3年経ったある日、あらためてそれを自分に当てはめてみて、田坂はひとつの考えに至る。

38歳のときに大分トリニータで監督業をスタートして、負けた試合もたくさんあれば、チームを降格させてしまったこともあった。そのいくつかは、情に流されたことでの失敗だったとも思う。でも、50代を目前にして、これから大きな敵と対峙するのであれば、情を捨てなくてはならないかもしれない。とはいえ自分の本意を貫くならば、やはりきっと情を優先した選択をしてしまうだろうと思う。根本の部分は変わらないし、完全にドライにはなれないだろう。ただ、過去の経験を生かして、ここは情を捨てなくてはならないところだという判断は出来るようになってきた気がする。

きっとそういう岐路に差し掛かっているのだと、田坂は思った。

「もし、いまの状況でダニのようなケースが起きたら、もちろんその選手のことは助けるけど、助ける方法は以前とは違うと思う。あのときのように『なんとか助けてやりたい』という一辺倒ではなくて、彼の気持ちも聞いて、どういう選択肢があってその中でどれが最善かというのを、いまならもう少し論理的に考えることが出来る。もしかしたらキャプテンにもしなかったかもしれないし、もしかしたら試合にも使わなかったかもしれない。練習はさせるけど試合には使わないよと、お互いにちゃんと話をしながら接するだろう。そこは勝負にこだわって、ドライになってね。情を切り捨てるときの痛みは大きいけど、それはあくまでも自分の問題だから、自分で処理しなくちゃいけないものなんだ」

思えば2011年にトリニータの監督になると決意したのも、情に流されてのことだった。セレッソ大阪でヘッドコーチになる話が決まりかけていたときに、財政難に陥ったクラブから「他の人には断られてばかり。なんとかお願いできないだろうか」と懇願されて、茨の道を選んだのだ。そこからはじまった旅は、多くの人との出会いをもたらし、充実した日々の連続になった。

お人好しと呼ばれることも多かった半生。それ自体には一抹の後悔もない。だが、田坂はいま、新たなチャレンジを自らに課している。

「ここで情に流されたら負けるというところではドライになるよ。だって俺、勝ちたいから」

２０２２年12月8日、Ｊ３・ギラヴァンツ北九州が田坂の監督就任を発表した。声をかけてくれたのは、田坂が目標としてきた監督の一人であり、現在はスポーツダイレクターとしてギラヴァンツを支えている小林伸二だ。セレッソ大阪で小林が監督、田坂がコーチだった時期もある。しばしばサッカー談義に花を咲かせ、一緒にセリエAを観戦したこともある二人が、時と場所を超えてふたたびタッグを組むことになった。1年間の充電期間を経て新たな手法を身につけた指揮官が、大先輩に誘われて、またテクニカルエリアに戻ってくる。

50歳のヒーローズ・ジャーニー。これからもきっと、せめぎ合いは続いていく。

かくしてロックは
鳴りやまず

木山隆之

自身4度目のJ1昇格プレーオフ

2022年10月30日、木山隆之はファジアーノ岡山を率い、自身4度目の、J1昇格を懸けたプレーオフに挑んだ。

初めてのプレーオフはちょうど10年前の2012年。J2リーグ戦の3位から6位までが昇格のラストチャンスを争う「J1昇格プレーオフ」としてはじまった、最初のシーズンだ。木山が率いるジェフユナイテッド市原・千葉はリーグ戦を5位で終えると準決勝で横浜FCに4-0と大勝して勝ち上がったが、最終決戦で大分トリニータに敗れ、あと一歩というところでJ1に届かなかった。

2度目は2015年だ。特徴的なサッカーを展開しながら万年中位以下で燻(くすぶ)っていた愛媛FCを、指揮1年目にして一躍5位フィニッシュさせ、初めてJ1昇格を狙える位置にまで導いたが、準決勝・セレッソ大阪戦を0-0で終え、引き分けなら下位が敗退というレギュレーションの下に散ることになった。

3度目はモンテディオ山形を率いて3年目、リーグ戦を6位で終えた2019年。前年から「J1参入プレーオフ」と名を変えた決戦に「3度目の正直」とばかりに臨むと、1回戦は大宮アルディージャに2-0で勝利したが、2回戦で徳島ヴォルティスに0-1で敗れている。

いずれもJ1昇格を果たせなかったとはいえ、J2チームを率いるたびにプレーオフ進出する木山の手腕に、疑う余地はない。なにしろ過酷なリーグ戦42試合の積み上げが、最後にトーナメントの一戦で一気にジャンプアップするか無になるかという、この〝非情なエンターテインメント〟を3度も経験したという実績がある。

２００８年に36歳で水戸ホーリーホックの監督に就任し、Ｊリーグ史上最も若い指揮官としてキャリアをスタートして以来、間に清水エスパルスでのヘッドコーチ、ヴィッセル神戸とガンバ大阪でのコーチ期間も挟みつつ、監督として率いたチームはＪ２で４チーム、Ｊ１で1チーム。予算の多寡（たか）もそれぞれだったクラブで、ときには経営難などのトラブルにも巻き込まれながら、22チームが昇格と降格の狭間でシノギを削るＪ２を主戦場に生きてきた男だ。その道はまさに修羅道、喧嘩の仕方は誰よりも知っている感ハンパない。

だからそんな木山がファジアーノを率いることが発表されたときには、「ヤバいもの同士が結託した……！」とＪ２ファン界隈がざわめき立った。ファジアーノはＪ２に昇格した２００９年以来、フロントと現場両面で堅実に成長しながら体力を養ってきたクラブだ。最初は下位での戦いを強いられたがじりじりと順位を上げ、２０１６年には6位フィニッシュしてＪ１昇格プレーオフにも参戦している。ハードワークを信条とするチームカラーに派手さはないが、足腰が丈夫で重心が安定しておりロースコアの試合が多いイメージ。その手堅く勤勉実直なチームをＪ２百戦錬磨の木山の手に委ねることは、赤々と熱を蓄えた炭火に起爆剤を放り込むようなものではないか。

さらにこの年、ファジアーノは前年までの主力たちがＪ１クラブなどに移籍流出したのと入れ替わりに、Ｊ１経験者や外国籍選手を続々と大型補強。いわゆる〝ムキムキ〟状態で、Ｊ１昇格を目指す本気度を窺わせた。

新型コロナウイルス禍での3シーズン目であることに加え、カタールW杯開催のため10月のうちにリーグ戦を終えるというコンパクトな日程。特に前半に連戦が多くタイトなスケジュールとなったシーズンに備え、どういう戦い方で乗り切っていくか、フロントと現場の戦略も試される。ファジアーノを上回る勢いで積極補強を施したV・ファーレン長崎や、前季Ｊ１から降格してきた4チームなどが昇格争いのライバルになることが予想される中、やはり早々に上位に陣取ったのが横浜ＦＣとアルビレックス新潟。ベガルタ仙台や東京ヴェルディ、ＦＣ町田ゼルビアら複数チームがそれに絡み合う中、開幕戦でヴァンフォーレ甲府に4－1と快勝したファジアーノも多少の浮き沈みを繰り返しながら好位置をキープした。

多彩なスタイルのチームがそれぞれに特徴的な戦術を駆使して競い合うＪ２の乱世にあって、シンプルに相手のストロングポイントを抑えながら自チームの強みを出していく木山の戦いぶりは、まさに「Ｊ2での勝ち方を知り尽くしている」と言えるように見えた。特に外国籍選手の途中投入など、試合の空気感を読みながら繰り出す一手一手は、コロナ禍以降に採用された5人交代制も存分に活用して、すべてがトドメのようだった。

開始早々に狂ったプラン

ただし、その進撃が順風満帆だったとは、決して言えない。第4節に正守護神の梅田透吾が右膝前十字靭帯を断裂して長期離脱を余儀なくされ、以後第16節までは金山隼樹、その後最終節までは緊急補強した堀田大暉がゴールマウスを守った。これに伴いチームは梅田の足元の技術に期待したポゼッションスタイルをある程度あきらめなくてはならなくなったのだが、それならそれでというジャッジが早いのもさすが木山だ。手数をかけずに相手陣にボールを運び、相手を押し込んだ状態を作ってからじっくりとゴールを陥しにかかる戦い方へと切り替えると、強度の高い外国籍選手を軸に、スピードと機動力も強みとする攻撃陣のポテンシャルが大いに発揮されるようになる。

この年のファジアーノはもうひとつ、大きなアクシデントに見舞われた。4月3日に開催され0－1で勝利した第8節のアウェイ・モンテディオ山形戦が、なんと再開試合となってしまう。11分、バックパスを手で掻き出したモンテディオのゴールキーパーに提示されたレッドカードが競技規則の適用ミスであることが試合後に指摘され、モンテディオが約80分間にわたって数的不利で戦ったことは「試合の結果に重大な影響を及ぼし得た」として前代未聞の措置が採られたのだ。

勝利していたファジアーノにとってはなんとも後味の悪い事態となったが、8月31日の再開試合を、ファジアーノは0-2でもう一度制する。試合は3月にモンテディオのキーパーが退場となった11分時点、ファジアーノの間接フリーキックから再開され、そのフリーキックで2日間かけて練習していたという見事なデザインを披露して先制。最後にもう1点を加え、今度こそ正真正銘の勝利を掴んだ。調子を上げていたモンテディオに5試合ぶりに土をつけ、上位争いのライバルに勝点を渡さなかったことも大きかった。

モンテディオとの後半戦の対戦は、その10日後の第35節。異例のリーグ戦3度目の対戦もこれまでと同じく拮抗した展開となったが、外国籍選手による2得点でファジアーノが逆転勝利を収め、モンテディオ戦は実質的に3戦3勝と、いずれも難しい試合をものにした。

木山にとって古巣でもあるその相手と、J1参入プレーオフ1回戦で、まさかの4戦目を戦うことになろうとは。

前線の力強さを生かして相手を押し込みサイドから攻略するファジアーノと、後ろからボールを動かしながら素早く前進していくモンテディオ。異なるスタイルにして互いに実力のあるチーム同士、いくら3勝しているとはいえ、木山は厳しい試合になることを覚悟していた。

また、木山にとってプレーオフは確かに4度目ではあるが、これまでの3度は5位、5位、6位と、レギュレーション上、アウェイで引き分けでは勝ち上がれない下位チームとして挑んでいる。今回はホーム開催で、引き分けでも勝てばいいという上位チーム。その立場の相違から、戦いにあたっての選択も自ずと変わってくるものだ。勝たなくては勝ち上がれないモンテディオが得点を狙ってくることは自明で、そんな相手の勢いに押されながら長い時間を過ごすことになるのは苦しい。最前線には強度の高いチアゴ・アウベスではなく走力に長けた永井龍を配置して立ち上がりから激しくプレスをかけ、とにかく相手を押し込みながら時間を使い、その中で先制点を取ってアドバンテージを生かそうと、木山は画策した。

だが、そのプランはキックオフ後5分で崩れる。ボールを受けた相手トップ下にディフェンダー2人が食いついたところで背後にスルーパスを通され、モンテディオに先制を許してしまった。

あまりに早い失点にファジアーノは動揺の色を見せたが、その後はすぐに立て直して当初の狙いどおりにゲームを進めていった。だが、53分に永井をチアゴに代え、66分には田中雄大をハン・イグォンに代えて攻撃の圧を高めるも、相手守護神の好セーブに阻まれるうちに、75分、モンテディオに2点目を奪われる。80分にはコーナーキックから3失点目。最後は屈強なセンターバックたちを前線に上げてパワープレーで得点を狙ったが、ついにネットを揺らすことは出来ず、試合は0‒3のまま終了した。

4度目のプレーオフも突破できなかった木山は、試合後に静かに話した。

「サッカーは、最後は決定力なので。試合が一発勝負などシビアになればなるほど、点を取る／取られない、それがもうすべてになります。もちろん、完璧にボールを握って崩して相手コートに押し込み続けてカウンターを受けずにって、みんながそうしたいわけだけど、実力が拮抗すればするほどそう出来ないのがフットボールじゃないですか。だから最後は相手に押されていてもゴールを守るとか、自分たちが攻め込んでいるときにカウンターを簡単に食らわないとか。そういった得点にかかわる最後のところで、少し自分たちの力を発揮できなかったなという、試合後の印象があります」

頭を悩ませたシーズン終盤の舵取り

決戦に挑んだ両者には、そこに至る直前の流れの勢いに差があった。

第39節にファジアーノの6位以内が確定し、続いてロアッソ熊本と大分トリニータがプレーオフ参戦を決めたが、最後の1枠である6位争いはギリギリまでもつれた。ベガルタ仙台、モンテディオ山形、徳島ヴォルティスによるデッドヒート。ベガルタがやや失速する中、ヴォルティスは第39節から3連勝と好調のラストを迎えようとしていたが、6位で迎えた最終節、モンテディオとの直接対決に敗れ8位でフィニッシュ。ブラウブリッツ秋田に引き分けたベガルタもモンテディオに抜かれ、プレーオフ圏から引きずり下ろされた。

最後の最後で6位に滑り込んだモンテディオは、第41節のトリニータ戦と第42節のヴォルティス戦をいずれも3得点無失点で2連勝。勢いづいた状態で3位のファジアーノに挑んだ。

一方のファジアーノは4試合を残して早々に6位以内を確定し、他チームとの勝点差から3

位以上も堅くなったが、その時点では自動昇格圏の2位以内の可能性も残っていた。その曖昧な状況が、指揮官の頭を悩ませることになる。

第32節、横浜FCとの直接対決に敗れて2位との勝点差が11になったときから、木山は戦い方をシフトした。それまではアウェイではしっかり守りながら1点でも取って勝つという堅実な戦い方を続けてきたのだが、夏以降はホームでもアウェイでも勝点3を狙っていく。ギャンブル性は高くなるが、2位に浮上するにはとにかく勝ち続けるしかない。その意図どおり、以降は引き分けの試合がなくなった。優勝争い中のアルビレックス新潟と横浜FCも競い合うように好調を維持していたが、ファジアーノも連勝を重ねてそれを追い上げる。

ファジアーノが追いつくか、2チームが逃げ切るかという戦況の中、少なくなっていく残り試合数と2位との勝点差を見比べる木山に、このまま2位以内を目指し続けるべきか、割り切ってプレーオフへと照準を切り替えるべきかと迷いが生じた。一時は11にまで開いていた2位との勝点差が、第34節には一気に5差に縮まり、第39節に再び8差となった。残り3試合でそれをひっくり返せるか否か。可能性はあるが、届かなそうでもある。横浜FCの取りこぼしに期待しながら上を目指すよりも、現実的に3位を受け入れてプレーオフへの心づもりを整えておいたほうがいいのではないか。

そう考えて選手たちにも切り替えを示唆していた第40節、横浜FCがトリニータに敗れファジアーノがヴァンフォーレ甲府に勝ったことで勝点差はまたも5に縮まった。自動昇格に手が届く可能性の濃淡の移り変わりに、選手たちの心も揺れる。

このシーズンに獲得した一部の選手たちを除き、チームのほとんどの選手たちは昇格争いの経験を持たず、それゆえのメンタルの定まらなさも見えた。個々のバラつきがありつつ、チームとしての経験値は低い。

「勝つか負けるか、上がれるか上がれないかは別にして、最後まで走り切って2位を狙っていけ」

たとえばそう言ったら、逆にプレッシャーに押し潰されるのではないかとも懸念される。それでなくとも夏以降ずっと張り詰めたテンションで、1位2位を追走してきた。実際にそれで追い上げてもきたのだが、ギリギリで追いつかなそうな気配が漂ってきたいまならば、プレーオフでもいいじゃないかと少し手綱を緩めるほうが、選手たちものびのびとプレーできるのではないか。

「僕が過去に下位チームでプレーオフに臨んだとき、3位のチームはいつもしんどそうに試合をしていた。やっぱり3位のチームって本当に難しいんだなと思っていて。だから自分たちがたとえば最終節で2位になれず3位でプレーオフに回ることになったとき、1週間で切り替えるのは難しい。前もってプレーオフに向けて心の準備をしたほうが絶対にいい」

そう考えを巡らせたシーズン最終盤について、「上手くチームのパワーを持っていききれなかった」と、のちに指揮官は悔やんだ。

「結果的にそれがプラスになったとはちょっと思えなかった。ギリギリで3位になっても、ある程度早めに順位が確定していても、どっちでも難しいんだなと。プレーオフには独特の緊張感があって、今回はホームで、たくさんのサポーターがすごくいい雰囲気を作ってくれていたんだけど、やっぱり経験値なのかな。いつものようにホームの雰囲気に押されて選手たちが踊るような感じにならない。逆に緊張感に押し潰されているように見える瞬間もあった。プレーオフって普通のリーグ戦じゃなくて、本当にタイトな違う試合なんだなと、3年ぶりにやってあらためて感じました。独特な雰囲気ですよね、あれはね」

「僕はあの日、撤退の旗を振れなかった」

古い傷痕を眺めるように、木山は10年前のことを振り返った。

「あのときの僕はもう、あの試合で、撤退の旗を振れなかった」

初めて導入されたJ1昇格プレーオフ。リーグ戦5位のジェフユナイテッド市原・千葉を率いて準決勝で4位の横浜FCを下し、3位の京都サンガを抑えて勝ち上がった6位の大分トリニータと対峙した決勝戦のことだ。

試合は立ち上がりから圧倒的にジェフのペース。居並ぶタレントたちがほぼ一方的に攻め込むのをトリニータが懸命に跳ね返す展開となった。

0–0で迎えたハーフタイム。前半の内容を見るかぎり、ほとんど攻めることの出来ないトリニータが得点することは難しく、ジェフとしてはこのまま失点さえしなければ、レギュレーション上、J1昇格を手に出来る。無理に攻める必要もなく、ただボールを握ってトリニータに攻めさせなければそれでよかった。

だが、木山は後半、1点を取りに行く。

J1昇格のためには勝たなくてはならないトリニータが勝負どころで選手を入れ替え、前線にパワーをかけてくることはわかっていた。当時はまだ交代枠が3枚の時代。攻撃のギアを上げたいトリニータは案の定、73分にフォワードの1枚を代え、84分には守備を1枚削ってストライカーを増やす。残り時間はわずか。トリニータとしてはリスクを負ってでも点を取らなければ敗退が決まってしまう状況だ。

それを見ながらテクニカルエリアで微動だにしない木山のもとへ、コーチが心配そうに寄ってきた。

「相手はパワープレーで来てる。うちは結構ボールを握ってるけどラインを浅くしていて裏に行かれる可能性もあるし、横にボールを持っていかれたらどんどんクロスを放り込まれて逆サイドから突っ込んでくるけど、きーやん、どうする？」

それでもそこで守りを固めて逃げ切るという方法を、木山は選ばなかった。「いや、最後まで攻め切っていく」と、むしろ前がかりになったトリニータの背後を突いて得点し、勝利して

Ｊ１昇格を掴みに行こうとしたのだ。86分、米倉恒貴をより守備の強度の高い荒田智之に代え、2トップを縦関係にして、荒田を相手ボランチに当てる。そこからの配球を抑えるというよりは、相手からボールを奪い、奪ったら即座に前に出て点を取りに行けという指示を出していた。

「僕としては『隙あらば点を取れ、だけどあそこは抑えてくれよ』と伝えたつもりだったんだけど、メッセージとしてちょっと中途半端だったのかなと。点を取れと言いながら、ちょっと守備のことも話したりして。だからピッチの中では『これって守るの？　攻めるの？』となっちゃったかもしれない」

失点はその直後だった。１バック状態で超攻撃的な立ち位置を取っていたトリニータはシンプルに前方へとボールを送ると、裏へと抜け出したフォワードがゴールキーパーの頭上を越えるループシュートを沈め、先制点を奪う。ここまでの圧倒的な優劣が一気に反転する一撃だった。

88分、ジェフはボランチの佐藤健太郎に代わってフォワードのオーロイがピッチに入り、その2メートル4センチの身長をターゲットにパワープレーに出るが、トリニータのほうもボランチを削ってセンターバックを増やし、必死でオーロイに体を当ててくる。今度はトリニータが守ればいいだけの状況だ。ジェフはアディショナルタイムまで猛追したが同点弾は生まれず、劇的なかたちでトリニータに勝利を持っていかれたのだった。

たとえばあのとき、攻撃の枚数を削って守備の選手を投入し、３バックにシステム変更していたら、と木山は自らの采配を省みる。そういう選手交代であったならば、それ自体が少なくなった残り時間をしっかり無失点で守り切れという明確なメッセージとしてチームに伝わったはずだ。自分の選んだ交代策は、メッセージとして弱いものになってしまったのではないか。そんな悔いが残った。

「だけどあのときの僕はもう、あの試合で、撤退の旗を振れなかった。極論を言うと、中途半端な交代をしてしまったいちばんの要素は何かと言ったら、もうあと10分守り切ればお前らはJ1だと、そういうジャッジを出来なかったことだった。あのとき僕が思ったのは『ここでもし守りに入って相手にやられたら、どんなふうになるんだろう』ということで、その恐怖感が僕を結構困らせた。チームとしてずっと攻撃的なサッカーを貫いてきて、シーズン序盤はそれがなかなか上手くいかなかったけど、夏の補強も含めてチームがどんどんよくなって、リーグ戦の最後の5試合くらいは本当にパーフェクトな試合をしていた。それで迎えたプレーオフだったので、ちょっとした邪心のように『いいサッカーをして勝ってやろう』と。どうせJ1に行くんだから、引き分けじゃなくて勝ち切って行ってやろうと思ってしまった。いま考えるとすごく甘かった。考え方も、勝負に対する捉え方も」

脳裏をよぎる監督としての需要

その苦い経験を、木山はその後、教訓とし続けた。

「あのあと、すごく考えました。結果論だけど、もしも本当に守備的な交代で守りに入った上で相手に1点取られて0-1で昇格を逃したとしたら、結果としては同じでも、きっともっと悔しかっただろうなと。だけど監督っていうのは、自分の思いとか満足感よりも、やっぱり結果が大事。だから僕はそのときに自分の中で納得した。次にそういう大きな決断をしなくてはならないときには、守備的か攻撃的かというよりも、どちらでももう振り切ってしまえと」

2012年かぎりでジェフを離れ、ヴィッセル神戸でコーチとして2シーズン仕事をした後、愛媛FCの監督に就任。前任の石丸清隆監督が培った緻密なスタイルにダイナミックさを加えて2年間戦い、2017年からは3シーズンにわたってモンテディオ山形で指揮を執った。1年目に辛抱強くパスサッカーを浸透させたが、その主力が流出した2年目は、シーズン途中で守備からリズムを作るスタイルへと方向転換。2020年にはベガルタ仙台に招聘されて自身初のJ1での采配に挑んだが、コロナ禍の中、チーム作りの途上にして1シーズンで退任となった。

2008年にJリーグ史上最年少で水戸ホーリーホックの監督に就任して以来、コーチの時期も含めてノンストップで走ってきた木山だったが、2021年シーズンは初めてのブランク。

最初のうちは時間的にも精神的にも余裕たっぷりでアマゾン・プライムで『進撃の巨人』を一気見するなどストレスから解放された日々を満喫していた。

コロナ禍の影響でＪ１もＪ２も４チームが降格するという厳しいシーズンだったため、戦績が芳しくないと早い段階で指揮官交代に踏み切るクラブが多く、木山のもとにも早々に監督就任の打診が複数届いた。だが、それらの話はいずれもまとまらなかった。

「結局、僕があまりにも仕事に対する準備が出来ていなくて、あんまり熱心に食いつかなかったんですよ。その瞬間に、向こうは降格したくなくて必死だから、いまこんなのんきな人に任せたら大変だと一瞬にしてさーっと引いていった。早く監督を代えて早くチームを立て直したいと思っている人の立場からしたら、それはそうなりますよね」

そんな具合で最初の波が過ぎると、その後は声がかからなかった。

「俺、このまま監督としての需要なく終わっていっちゃうのかな。監督業ってやりがいある仕事だけど意外と儚いな……」

次第に遠い目になりかけていた9月、Ｊ２降格の危機に瀕していたガンバ大阪から、コーチとしての入閣を打診された。筑波大卒業後にプロデビューし4年間プレーした古巣からの要請を受け、木山は松波正信監督のサポート役としてガンバの残留争いに力を貸す。シーズン終了まで残り8試合という土壇場で、チーム状態はよくはならなかったが、第33節から3連勝してＪ１残留を確定。スタンドから試合を分析して的確な戦術的修正を提言し、ブレーンとしての役割を全うした。

ファジアーノから監督就任オファーが届いたのは、そうやってガンバで残留争いをしていたときだ。

ホーリーホックで3年、ジェフで1年、愛媛で2年、モンテディオで3年、ベガルタで1年。これまで木山は短いスパンで率いるチームを移ってきた。長い時間と手間をかけて自分の望む選手を揃えチームを作っていった経験はなく、ある程度限られた条件の中で「木山ならこれで上手くやってくれるだろう」という期待を懸けられ、それに応えるようにそのときどきの最適解を導き出しながら5チームを渡り歩いた日々だった。ゆえに、率いた先々で作り上げたチームに対する評価もまちまちだ。「手堅すぎて面白くない」と言われたこともあれば「ガンガン行くのはいいけど守備が雑だ」と評されたチームもある。予算規模や現有戦力のタイプによって出来上がるチームはいつも違った色合いを醸した。だが、どのチームで展開したサッカーも、我ながらいまでも大好きだ。

そうやって36歳だった新進気鋭の指揮官は、アラフィフにして千軍万馬（せんぐんばんば）の手練れとなった。監督としてのスタートが早かったぶん、同世代の同業者たちよりも場数をこなしている。近年では年下の指揮官との対戦も増えた。

「昔は自分がいちばん下っ端で、いつも年上の監督に挑んでいく感覚だったんだけど、いまは年下の相手ばかりになってきて。だから城福さんとかと試合するとほっとするんですよね。年上の人と試合できるのってうれしいなって」

そんなふうに笑うまでキャリアを重ねてきた中で、自然と生まれる思いがあった。

「自分の代表作のような、『これは木山が作ったチームの中でいちばん木山らしいな』と言われるチームを作りたい」

そのためには腰を据え時間をかけて取り組むことが必要だ。その対象としてファジアーノは打ってつけであるように思えた。

「本当に堅実に、みんなでしっかり頑張って走って戦ってということを、いままで愚直に真面目にやってきたチームだと思うんですよね。僕はそういうのが好きだし、その頑張るベースの上に、何かひとつ色だとか、勝負に対するキワの本当の強さだとかいったものを植えつけることができれば、もうワンランク上のチームになれるんじゃないかと考えた」

クラブは外国籍選手やＪ１経験選手を多く獲得し、これまでチームにいまひとつ不足していた感のある得点力やパワーを増強しようとしている。そういう選手たちを〝頑張るチーム〟の中に上手く散りばめて、いままで負けや引き分けに終わっていた試合を勝ちに持っていけないものか。

見る見るビビッドに立ち上がっていくイメージを青写真に描き、木山は6チーム目の契約書にサインした。

修羅場をくぐり抜けて辿り着いた境地

かくして指揮官は〝代表作〟となるべきチーム作りに着手したのだが、思い描くイメージに近づけるために時間と労力を割く一方で、目の前の勝点を拾っていくための柔軟性も旺盛なのが、いかにも木山だった。

「チアゴを使ったらちょっとプレスはハマらなくなるけど、やっぱり前に置いといたほうが相手が怖がるだろう」

「でも監督、それをやるとだいぶ押し込まれますよ」

「いや、押し込まれても1点取って勝てばいいんでしょ」

コーチ陣とそんなやりとりをしながら、戦いの一手を選んでいく。

選手層をJ２の他チームと比べながら地力を推し量ると、中位以上に行く力は絶対にある。どれだけ内容が悪かったとしても、残留争いに巻き込まれるようなことはないはずだ。その見込みがあったから余計に、木山は景気よく振り切った采配を披露していった。

拮抗した展開で手堅く行くか大胆に出るかという選択に迫られたときには、ホームとアウェイの別にかかわらず、ほぼ後者を選んだ。そうやってつねに勝点3を狙い、敗色濃厚な試合は最低でも引き分けに持ち込みにいく。ひとつのミスで失点して敗れるリスクを負うことになったとしても、それと引き換えに勝利の可能性も高まるというギャンブル性の高い戦法。それで負けるのならば納得できる。後悔することなく、次の試合でまた勝点3を取るために全力でやっていける。

木山は選手たちにも、つねにそれを促した。

いつも勝負なんだ。一戦一戦、一年一年が勝負で、この時間は二度と帰ってこないから、絶対に後悔するようなプレーや試合をするな。迷ったら後ろを向かず、前に行け。その中で上手くいったかいかなかったかはあらためて自分でジャッジして、それを自分の判断基準にしていけばいい。

どんなときも前向きに勝負するのが、木山の理想とするフットボーラーだ。

そんなスタンスが多くの試合でプラス方向に働き、２０２２年のファジアーノの躍進につながった。

「僕はもう、怖さというものがなくなりました」

と木山は笑う。

「10年前、40歳のときに、僕は自分の意地だかなんだかのために大事な星を落としてしまった。それを経験したがゆえの怖さから、堅実に戦う手法も身につけて、それはいまもなんとなく手元にある。だけどそれから10年のあいだにいろんな経験をしているうちに『怖いものなんか別にないな』と思うようになったんです」

いくつもの修羅場をくぐり、いろいろとしんどい思いもした中でたどり着いたのは「ダメなら俺が責任を取るから」という境地だと言う。その泰然とした笑顔を見て、思わず問わずにはいられなかった。

「でもそうやって勝負に出て望んだ結果にならなかったとき、仕事を失うことに対する恐怖感はないんですか？　またすぐ次のオファーが来るという自負がある？」

木山は首を横に振った。

「もちろん、仕事を選ばなければそれなりにすぐにいただけるのかもしれないけど、自分が望んでいる監督業で、やりがいのあるところからのオファーって、そんなに簡単にないと思うので。だから『クビになってもまたすぐにオファー来るや』っていう発想はないですね」

コーチとしての下積みを糧にする監督も多いが、コーチと監督とは全く別の職業だと捉える木山は、監督力を高めるには監督をするしかないと考えている。自分らしく監督を務められるクラブとの出会いは、そうそう好都合に訪れるわけではない。

それでも、もっとみんなが喜んでいる顔を見たいと思ったりチームが上に行っている姿を想像したりすると、たとえ失敗のリスクを大きくしても、それを勝ち取る可能性のあるほうをチョイスしろと、もうひとりの自分が耳元で囁くのだと言う。

「この年齢になってくると、何か失敗が怖いとか、そのことで自分の職がなくなるかもとかいった発想もあんまりなくなったというか。いや、現実的にそうなるんだろうけど。なったらなったで別にいいじゃんみたいな……ダメっすか、それ？」

その肚の括り方があまりに豪胆すぎて、思わず笑ってしまう。

では監督としての職がなくなったら、どうやって生きていくのか。そう訊ねると、予想もしない答えが返ってきた。

「やりたいことは、釣り船屋の船長。あと、監督を引退したら、なんらかのかたちで子供たちの教育に携わること。たとえば校長先生とかね。もうサッカーはいいかな。いや、もちろんサッカーをやってきてサッカーに育ててもらったから、サッカーを含めてやるのは楽しいかもしれないけど、それよりも、もっとこれからの世の中を背負っていく子供たちに大きくなってほしいなと。小さい感覚でものごとを考えないで、もっとグローバルに、もっとヒューマニズムにものを考える子供たちになってほしいから、何かそういうことが出来る仕事をしたい。幼稚園でもいいし小学生でもいいし中学生でもいい。サッカーを辞めたあとはそういうことをやれたらいいなと思います」

ロックの名盤は一日にして成らず

素っ頓狂なように見えて意外と本気っぽいな、という木山の将来の夢を聞きつつ、これもまた振り切れ方のひとつなのだろうかと考える。

２０２２年Ｊ１参入プレーオフ１回戦の前々日、Ｊリーグは参戦する４チームの対戦カードごとに公式記者会見をオンラインで実施した。かつては同じ会場で壇上に並んでいたところだが、コロナ禍以降、会見はビデオ会議システムで行うのが通例となっている。ファジアーノからは木山とキャプテンの金山隼樹、モンテディオからはピーター・クラモフスキー監督と同じくキャプテンの南秀仁が参加し、報道陣のパソコンモニターには4人の映像が4分割された画面で映し出された。それぞれに決戦への抱負を語った後、4ショットタイムとなる。

「決戦の前ですから、笑顔になるのも難しいでしょう。キリッとした表情で大丈夫です」

司会を務めたJリーグ広報スタッフの呼びかけを合図に、4人はスクリーンショット用に居住まいを正したが、その引き締まった空気の中で唯一、木山だけが満面の笑みを浮かべている。

こ、怖い。逆に怖いよ！

木山監督らしいなという笑いとここで笑顔を見せるとはという恐怖が入り混じり、震える手でスクリーンショットを撮った。そのときのことをプレーオフ終了後に伝えると、木山は声を上げて笑いながら頭を抱えた。

「ダメじゃないですか。負けたからいい笑い種だ」

シーズンのラストゲームとなったあの決戦でも、木山は木山であることを貫いた。3位のファジアーノが6位のモンテディオを迎え撃つ一発勝負。上位チームのファジアーノには引き分けでも勝ち抜けるというアドバンテージがある。極論、相手に攻め込まれても自陣で守備を固めてゴールさえ割らせなければいい話だ。それでもあの日、ファジアーノは果敢に相手ボールを奪いに行き、それが一瞬のほころびを生んでしまった。

「プレスに行ったことが仇になって失点したわけだし、そういう戦術を採ったことがプラスだったかどうかというのは検証しなきゃいけないとは思っています。だけど僕はあのとき3位の立場で、ホームスタジアムで大観衆の後押しを受けて、後ろに引いて守るという選択は絶対によくないと思ったんです」

近くにまで迫りながらJ１昇格を逃した4度目の痛みを深々と受け止める指揮官の述懐を聞きつつ、思い出したのは10年前に負った最初の傷を振り返った言葉だ。

「あのときの僕はもう、あの試合で、撤退の旗を振れなかった」

話しながら自分でも気づいたらしく、木山も笑い出した。

「あれを後悔していると言いながら、いま喋っていた中で『木山お前、何も変わってないじゃん、全然反省してないじゃん』っていうのが、よくわかりました。人は本当に、簡単には変わらないんですね。悔しい思いをしても」

ひとしきり笑い終えて、あらためて指揮官は言った。

「僕もいろんなものを見たり読んだりするのは好きだし、実際にヨーロッパに試合を見に行ったりもしてきたけど、でも自分の本質って、何を見てもあんまり変わらないんですね。僕が緻密で細かいことよりもアグレッシブで大胆なことのほうが好きなのはいまにはじまったことではなくて、若い頃からそうだった。だから変わっていくトレンドを少しずつ自分の中に取り入れたり吸収したりはするけど、根本的にはホーリーホックで監督業をスタートしたときと何も変わっていない。『後ろに引くくらいだったら前に出ていけ』とか『簡単にボールを捨てるくらいならしっかりボールを扱いなさい』とか。そういう根底にあるものは何も変わっていなくて、トレンドもあるけど、いま自分が率いているチームの選手たちの力量とかが、やっぱりいちばん大事で。その選手たちが許容できないことをやっても、逆に選手たちのレベルより低いことをやっても、決して何の得にもならない。だから僕は、そのチームの選手たちの持っているものがすべてで、その選手たちにより合ったものを、という発想を多く続けてきたんじゃないかな。攻撃でも守備でもそのベースがあって、どういうふうにするのが自分たちがボールを保持しているときにチャンスが生まれるかたちなのかな、どういうふうに守るのがわれわれのチームにとっていちばんやりやすいかたちなのかなというのを、繰り返し模索して。そうやって出来上がっていったのが、そのチームという作品だったんですね」

ざっくり言うと僕の作るものはロックであって、ジャズやクラシックにはならないってことです、と木山は自らを評した。

「今回は昇格を逃してみんな落ち込んじゃってるけど、また頑張りますよ。4チームでプレーオフに出た監督という記録は、しばらく破られないんじゃないですか。もうプレーオフはいいです。余計なことは考えずに自動昇格を目指します」

2023年のJリーグの開幕が、着々と近づいている日のことだった。

「失敗しない男」の
たったひとつの失敗

北野 誠

瀬戸際を生きてきた男の矜持

「わたし、失敗しないので」

目を見開いて言い放つとき、人気ＴＶドラマシリーズ『ドクターＸ』の主人公、大門未知子の決め台詞はいつも迫真に満ちていた。女優・米倉涼子が演じるフリーランスの敏腕外科医はあらゆるしがらみを排除したスタンスを敢然と貫き、その腕だけに勝負を懸けて、危機に瀕した生命を救う。それは絶対に失敗の許されない仕事だ。

目の前に横たわる一人の患者を生かすか、死なすか。毎週、瀬戸際に立ち続ける大門未知子の生きざまを、北野誠は自らに重ねて見ていた。失敗が絶対に許されない、そういう世界で生きているのは北野も同じだった。

北野の瀬戸際人生は、２０１０年、カマタマーレ讃岐の監督に就任したときからはじまった。テクニカルエリア・デビューはその前年のＪ２・ロアッソ熊本。指揮官としてのルーキーイヤーを14位で終え、２年目からは自らの生まれ故郷である香川のクラブチームで指揮を執ることになる。それから実に9シーズン。カマタマーレを率いた日々は多くの苦悩とその合間に時折掴み取る歓喜に翻弄されて、まさに怒涛のようだった。

就任当時は四国リーグで戦っていたカマタマーレだが、北野の率いた最初のシーズンに、いきなり優勝してＪＦＬに昇格。そのＪＦＬで3シーズン目の２０１３年に、Ｊ２・ＪＦＬ入れ替え戦でガイナーレ鳥取を下し、J2昇格を果たした。

勢いよくカテゴリーを駆け上がるチームの躍進ぶりに、周囲も自ずと熱を帯びる。地元出身監督・北野の飾らない人柄も手伝って人気はうなぎのぼりで、今後どうやってクラブを成長させていこうかと、地域の士気も高まった。

だが、クラブのほうがその成長に、なかなかついていけない。どちらかと言えば野球文化のほうが浸透している四国の、47都道府県で最も面積の小さな香川県の地方都市。スポンサーを見つけるのも至難の業で、フロントはつねに資金難に直面していた。同カテゴリーで戦うライバルたちに比べて予算も少なく、チーム強化もままならない。クラブ経営陣とともに北野も、地元の人脈を頼りにスポンサー探しに奔走した。

当時、最も厳しかったのは練習環境だった。

自前のグラウンドやクラブハウスを持てず、借物のトレーニング場所を毎日転々としながら、日本で最も試合数が多くタフなJ2リーグ戦をこなす。頻繁に練習会場が変わり、スケジュールも直前になってから決まるので、場所や時刻を間違える選手が続出した。天然芝のグラウンドで練習できない日も多く、選手たちは人工芝で膝を痛めたり、土のグラウンドでボールを蹴りながら「俺は中学生か……」と空を仰いだり。全面コート相当の広さの練習場所を確保できない日には、「ゴール前」「右サイド」「左サイド」とエリア別のメニューだけでトレーニングを終えることになる。一週間まるごとそんな日が続き、ついに前日にフットサルコートで調整したのみで臨んだ試合もあった。これではさすがに、安定したチームスタイルを確立するのは難しい。地域リーグでならなんとかそれで乗り切れたとしても、カテゴリーが上がるとクラブにもそれ相応の体力を求められるのだ。

もちろん、チーム人件費も潤沢ではなく、J1規模の予算で戦うクラブとも肩を並べるリーグでその格差を見せつけられるように、カマタマーレは毎シーズン、J2残留争いを繰り返した。

「今年こそは落ちるだろう」

カマタマーレのサポーター以外の多くのJリーグファンが、毎年そう思った。あるいはカマタマーレサポの中にもそう思っていた人がいるかもしれない。開幕前の順位予想では降格候補の常連だった。

それでも、落ちなかったのだ。

世間の意地悪な期待を裏切るように、北野カマタマーレはほぼ毎年、キワキワの残留争いを繰り広げながら見事にJ2の下位に生き残り続けた。

その毎年の激闘は、思い出すだけで胃が痛くなる。

J2昇格1年目の2014年は開幕7連敗でスタートし、14戦未勝利という戦績を引きずって最終的に21位に収まると、この年から設立されたJ3との入れ替え戦に回ることになった。JFLから昇格した前年に続き2年連続の入れ替え戦だが、今度は立場が逆だ。昇格を目指して勢いあふれるAC長野パルセイロと対戦し、アウェイで行われた第1戦はスコアレスドロー。追い詰められたホームでの第2戦に1−0で勝利して、1勝1分でなんとかJ2にしがみついた。前年にJFLからJ2昇格したときの入れ替え戦も、1戦目はドローで2戦目に1−0。2年連続、最後に力を振り絞って掴んだ勝利だった。

J2も2シーズン目になるとチームも戦い方に少し慣れてきた様子で、2015年は14位で折り返し、ラスト2試合を残してJ2残留を確定。クラブ史上最高の16位でフィニッシュする。

その勢いを継続するように好スタートを切った2016年だったが、徐々に低迷してシーズン終盤にはまたも残留が危ぶまれる状況に。それでも、最下位と勝点2差で臨んだ第41節でV・ファーレン長崎に勝利し、ライバルチームが敗れたため、どうにか入れ替え戦も回避して自動残留圏の19位に滑り込んだ。

さすがに今季は無理だろうと思わせたのが2017年だ。第25節まで5連敗を含む2勝8分15敗と目を覆いたくなるばかりの戦績で、夏にして早くも終戦かと思われた。だが、第26節からいきなりの5連勝。その後はまた勝てなくなったが、5連勝で積んだ貯金により最終節まで粘って、前年に続きギリギリの19位で自動残留を果たしている。

「わたし失敗しないので、だよ」

大門未知子を真似ながら、北野は苦笑いした。

本当に、なにがなんでも失敗するわけにはいかないのだ。プロサッカー監督はエンブレムの陰に、選手やスタッフやクラブ、スポンサーやサポーター、地域の人たちといった、たくさんの存在を背負っている。自分がコケればみんなの人生に影響が及ぶ職業だ。

リアリストになる覚悟を決めた試合

理想のサッカーは脇に置いて、とにかく結果にこだわる。そんなリアリストへと北野を変えたのは、2009年、初めて監督を務めたロアッソでの一戦がきっかけだった。J2第19節、アウェイでの湘南ベルマーレ戦のことだ。

15分と18分に、西弘則の立て続けの得点で2点をリードしたロアッソ。38分には1点を返されるが、44分にコーナーキックからチョ・ソンジンが3点目を奪い、再び点差を広げて折り返した。だが、62分にPKを献上してまたも1点差に詰め寄られ、流れが相手に傾く中で終了間際の89分、こぼれ球を押し込まれて追いつかれてしまう。

打ちひしがれる選手とサポーターの姿を前に、北野は取りこぼした勝点2の重みを痛感した。

「3-2になったのに、俺はまだ行け行けどんどんで攻めさせ続けた。あそこで1点のリードを守る戦い方に切り替えていれば、みんなを勝たせて笑顔にさせることが出来たのに……。結局あの湘南戦を、俺は自分のために戦っていたんだよ。自分が楽しければいいやってね」

10年以上の歳月を経た現在になっても、その記憶は痛い。

それから北野は「勝ちにこだわるリアリスト監督」というアイデンティティーを確立し、その代表的存在として名を挙げられるようになっていく。

自身にとってもクラブにとっても最高戦績の16位となった２０１５年は、Ｊ２最少の33失点かつ最低の30得点を記録している。「引いて守ってカウンター」が、北野のサッカースタイルをざっくりと言い表す言葉になった。カマタマーレ以後しか知らない人にとっては意外かもしれないが、もともとは北野も、攻撃的なパスサッカー志向を持つ指揮官だ。そこから完全に「割り切って」、勝負に徹する道を選んだのだった。

そこに複雑な思いがなかったとは言えないが、北野は自らの選んだストリートを突き進んだ。まずは他チームのスカウティング。毎節、全試合の映像を確認したあとで、対戦の近いチームの直近の数試合をつぶさに見返す。ネット配信時の実況アナウンサーが差し挟む小ネタも「そういうところに結構、怪我人情報とか個人の調子の良し悪しが入ってくるんだよね」と言って聞き漏らさない。新聞記事からサポーターのＳＮＳに至るまで及ぶかぎりのあらゆる情報に目を通す中で、相手チームがどういう練習をしていたかがわかることもある。そうやって手を尽くして〝急所〟を割り出し見定めると、「ここを抑えればこのチームは何も出来なくなる」とばかりに、シンプルに相手のストロングポイントを潰しに行った。

攻撃にしても同じで、相手の守備の脆弱なポイントを探り出しては、そこを執拗に狙う。それがハマった試合では、はたからは千載一遇に見えるワンチャンスが面白いように決まった。だが、カウンターにしても、ただ勢いまかせなだけの偶然ではない。長い髪がするすると編まれていくように、攻め上がる選手たちが相手の間を縫って流麗にボールをつないでいく。それは見惚れるばかりの美しさで、のちに2018年ロシアW杯で日本代表がベルギー代表に食らわされた「ロストフの14秒」を眺めながら「いいときのウチみたいだ……」と呟いたカマタマーレサポーターが、いたとかいなかったとか。

「堅守速攻？　そんな言葉は俺は好きじゃないし、使わない。だって、『堅く守って速く攻める』でしょ。そんなのサッカーではあたりまえじゃないですか。あたりまえのことをわざわざスタイルと名乗ったりなんかしませんよ」

スッパリと言い切る北野の胸のうちには、この困難な練習環境で選手たちを鼓舞して戦わせながら勝点を積んでいくにあたっての覚悟が秘められていた。

「失敗しない男」がおかした失敗

そうやって戦っていくうちにクラブの成長が追いついていて、J2のステージにふさわしい佇まいが整えば、問題はさほど顕在化しなかったことだろう。

だが、何年経っても、練習環境はなかなか改善されない。

北野は自らスポンサー営業や関係各所への交渉に出向くだけでなく、試合後の記者会見などでも環境の不備を訴え、メディアを通じて支援や協力を呼びかけるとともにフロントの奮起を促した。北野にとっても選手たちにとっても、それは切実な問題だった。

クラブハウスがないため、選手やスタッフたちは毎日、練習が終わるとシャワーも浴びずに帰らなくてはならない。以前は独身の若い選手が多く、連れ立って近所のスーパー銭湯で汗を流したりしていたのだが、次第に家族とともに暮らす経験豊富な選手が増えてくると、それぞれの自宅に直帰するようになった。

選手たちにとってロッカールームでダベる時間は、意外に大事だ。その日のトレーニングの話はもちろん、ピッチ外のことでも、馬鹿げたおふざけでもいい。何気ないコミュニケーションから育っていくものが、必ずある。特にトレーニング中にちょっとした諍(いさか)いや行き違いがあった日には雨降って地を固まらせる時間が必要なのだが、当時のカマタマーレには、環境からもたらされるそういう機会が少なかった。

勝っているときはいいが、結果が出ない時期には選手のモチベーションを維持するのも難しい。「こんな環境じゃ頑張れない」「頑張っても大して報われない」などと無意識のうちにも思わせてしまったら、パワーや集中力は削がれてしまう。試合前日に練習場所がフットサルコートしか確保できなかった日、北野は自らの落胆を押し殺して選手たちの気持ちを上向かせるために体を張った。

「よーし！　最後はゲームで締める！　俺に当てたら罰金な！」

そう言ってフットサルの小さなゴールの前に両手両足を広げて仁王立ちになると、選手たちは大喜びで指揮官の脇を狙ってシュートを打ち込む。中にはわざとスレスレのコースに挑む強者もいて、トレーニングは盛り上がりのうちに終了した。

いつもそんなふうにして、苦しい状況を乗り越えてきたのだ。

ヒヤヒヤしながらもなんだかんだで毎年Ｊ２に残留できていたことで、皮肉にも周囲の危機感がつのらなかったのもあるかもしれない。

加えて北野がどれだけ悲壮感を出そうとしても、その負けず嫌いのアニキ的なキャラクターは、期せずして場の笑いを誘ってしまうのだ。

「こんなボコボコのピッチで試合するなんて、アウェイから来てくれたチームにも失礼でしょう。ほら見てよ、メディアさんだって明らかに怒ってるよ？」

顔馴染みの記者を引き合いに出して巻き込むと、訴えている内容とは裏腹に、会見場は笑いに包まれる。

そういう中でも地元メディアをはじめとする番記者たちは北野の意を汲み、チームに協力すべくその窮状を報じた。だが、その記事によって「恵まれない環境で結果を出している名物監督」である北野のファンは増えても、実際に環境が改善されるほどの支援はなかなか集まらなかった。

自分が人気者になるためではない。クラブのためにやっているのだ。

そんなジレンマとも、北野はじっと戦い続けた。

２０１８年、北野体制9年目。ついにそのときはやってきた。「失敗しない男」が、とうとうＪ２残留に〝失敗〟したのだ。

チームはシーズン序盤から勝点を積めず、降格圏に沈み続けた。春に３試合連続引き分けからの2勝目を挙げたが、その後も戦績は奮わず、第40節を終えた時点で自動降格圏の21位以下が確定。最終的には7勝10分25敗の最下位となった。

開幕当初はチームの若返りを図り、それまでの「堅守速攻」からポゼッションの割合を高めて、これまでとは一転、攻撃的なスタイルへと舵を切ろうとしたようにも見えた。

だが、それが上手くいかなかったという単純な問題でもなかった。軋みはいろんなところから聞こえていた。選手を入れ替えてのスタイル転換は、何年待っても環境が改善されないことに対し、北野が業を煮やしたという意思表示でもあった。もう自分のやりたいことをやるのだ。リアクション先行の戦い方ではなく、チームのベースを確立して自分の理想とする「カマタマーレのサッカー」を浸透させたい。ずっと押し殺してきたそんな思いは、いつまで我慢していても何も改善されないという〝臨界点〟に達したことで一気に噴出した。

結果の出ない苦しいシーズン中には、スタッフ間にも亀裂が生じた。最後にはクーデターめいた動きもありながら、11月6日、北野の退任が発表される。

無理ゲーに挑んで突きつけられた現実

カマタマーレでの9年間を終えた一ヶ月後、北野は高松市内の病院で手術を受けた。シーズン中に甲状腺がんが見つかり、その症状や薬の副作用と闘いながら、騙し騙しテクニカルエリアに立ってきたのだった。公私ともに受難の2018年だった。

だが、そういう状況でも生きる力を損なわないのが北野の北野たる意地だ。監督の椅子を離れると自らのSNSアカウントを開設し、積極的に発信をはじめた。サッカーのことはもちろん、それ以外の話題にも幅広く触れる。病名こそ明らかにしなかったが、入院や手術について公表したのもSNS上だった。もとより捌けた語り口調がキャッチーで、発信力が高い。ちょっとだけ差し挟む自虐めいた笑いも色を添える。ツイッターのフォロワーはたちまち増え、北野はここでもサッカーフリークたちの人気者になった。カマタマーレサポーターの中には北野の対戦相手スカウティング術さながらに、SNSに載せた写真から入院先を割り出し、窓の下まで見舞いに駆けつけた人もいたという。

フリーランスになったので、サッカー番組のゲストにも呼ばれるようになった。特に「スカパー！」の『平畠会議』でMCの平畠啓史や他の解説者たちに囲まれながら軽妙洒脱に披露した分析は、さすがＪ２で百戦錬磨の独自性に満ち溢れており評判になった。

精力的にあちこちのスタジアムに試合を見に出かけ、深夜から早朝にかけては海外のリーグも視聴している北野の姿は、むしろ躍動感にあふれていた。カマタマーレを率いていた9年間、目の前のハードルを越えることで精一杯だった時間のぶんまで取り返すかのように、現代サッカーの新たな潮流へと視野を広げ、自らの中に取り込んでいるようだった。

そんな矢先の２０１９年初夏、今度はＦＣ岐阜から監督のオファーが届く。大木武監督3シーズン目にしてそれまでのキーマンだった主力選手が流出したチームは、再構築が上手くいかずにＪ２の最下位で足掻いていた。

「ここから残留させるのはいくらなんでも無理ゲーですよ」

たくさんの人に反対されたが、現場に戻りたい思いが勝った。6月18日、退任した大木からチームを受け継いで、北野は約7ヶ月ぶりにテクニカルエリアの人となる。

カマタマーレを率いていた頃に「俺、本当は大木さんがヴァンフォーレ甲府でやってたようなサッカーがやりたいんだよね……」と、本音めいたものをポツリと漏らしたことがあった。だが、実際に岐阜の監督に就任した直後にも、北野は現実を忘れなかった。

「俺、クローズなサッカーは好きなんだけど、甲府がそれをやれたのはバレーっていうセンターフォワード、つまり最後にシュートで終わらせる選手がいたからなの。それがここにはいない。俺が思うに、大木さんが目指しているのはパスをつなぐサッカーじゃなくて、グループで前に運ぶサッカー。俺も大木サッカーのそういうところが好きなので、ショートパスで崩すことにはあまりこだわりはないんですよ」

世間のイメージ的には、〝理想を貫く大木武監督〟とは対極に位置する〝リアリスト・北野誠監督〟だ。残留というミッションを託すにはもってこいの人選にも見えた。

だが、選手たちにしてみればシーズン中に180度の方向転換を強いられることになる。それまで積み上げてきた攻撃的スタイルにプライドを持っている選手も多かった。

コーチ陣をはじめとするスタッフたちも、大木が集めた人材だ。そのチームの中に単身、北野は飛び込んだ。スタッフたちは北野のために献身的に働いてくれたが、初めて一緒に仕事をする仲間たちがファミリーとなっていくには、それにふさわしいだけの時間を要する。名前と顔が一致しない選手も多く、初練習は写真入りの選手名簿をプリントした紙を片手にスタートした。

誤算続きで陥った負のスパイラル

トレーニング環境は前任クラブと比べて段違いによくなり、クラブハウスに隣接するグラウンドの端から端まで、縦に速くボールをつなぎながら走らせるカウンターの練習を、北野は嬉々としてやらせた。だが、就任3日で臨んだ最初の試合で、レノファ山口に0-4の大敗。

3戦目のアビスパ福岡戦には3−1で勝利したが、その後もなかなか結果がついてこなかった。勝てない経験なら掃いて捨てるほどしている。だが、その経験を生かそうとしても、なんとなく勝手が違った。選手たちに話をすれば、素直に「わかりました」と言う。だが、実際にプレーさせてみると「あれ、やっぱりわかってないやんか」となることが多かった。

「岐阜の選手たちを外から見ていたときは、ひとりひとりがもっと上手いと思ってた。でも実は、期待していたほどじゃなかったんだよね。大木さんのサッカーは選手間の距離が狭いから短くつなぐのは上手いんだけど、そこで奪われたら一気に3人くらい置いていかれちゃう。俺も大木さんのチームと対戦するときにはそういうのを狙ってたしね。でも、古橋亨梧と田中パウロ淳一の両ワイドのスピードで守備陣形を広げられちゃって、面倒くさかったんだ。大木さんが苦労したのは、あの2人が抜けたこともひとつ、大きかったと思うよ。実は大木サッカーはあの2人に支えられていたのに、俺の中には間違った先入観があった」

いま手元にいるのは、長い距離を走りながらロングパスをつなぐようなトレーニングを、それまではしてこなかった選手たちだ。だが、周囲にはカマタマーレでやってきたような堅守速攻を期待されている。そこで夏の移籍期間には、北野サッカーに合わせた補強も行った。その代表格がミッドフィルダーの馬場賢治だ。J2での経験が豊富で、残留争いの機微もよく知っている。自らを「漢」と呼び、職人気質の熱い魂を滾らせて、フォア・ザ・チームの泥臭いプレーも厭わない。そのイメージとは裏腹に足元の技術は高く、2018年J2では18ゴールを挙げて大分トリニータをＪ１自動昇格へと導いていた。実直な人柄で、行く先々で若手選手たちから得る信頼も厚い。２０１６年から2シーズン、カマタマーレでプレーしており、北野のこともよく理解し慕っていた。心強い腹心の部下を得て、北野の真骨頂はここから発揮されるかに思われた。

実際に馬場の力も借りながら、北野のサッカースタイルは徐々に岐阜でもその片鱗を見せはじめる。だが「そういうシーズン」は何をもってしても抗いがたく「そういうシーズン」なのかもしれない。あろうことか当の馬場が、これでもかとばかりに絶好機を逃す試合が続いたのだ。

「わずか1メートルのシュートだったりがね、もう、びっくりするくらい外れるのよ。どうしてこれが外れるんだっていうシュートが決まらなくて。あそこで1点でも2点でも取っていたら、賢治ももっとチームを引っ張ってくれていたんだろうけど、俺がどれだけ『気にすんなよ』って言っても、責任を感じて本人がヘコんじゃった。俺に呼ばれてきた選手がそんな具合だと、他の選手たちもザワザワしてくるよね」

手詰まり感を覚えながらシーズンが進むと、選手たちも次第に降格を視野に入れ、チームよりも自分自身を優先するようになっていった。リードしても追いつかれるなど、終盤に粘りきれずに失点する試合が増える。そういうときにかぎって、ジャッジが微妙に相手寄りになったりシュートがポストやクロスバーに阻まれたりというアンラッキーが続発するのだ。

負のスパイラルに飲み込まれながら、結局、まとまらないチームを最後まで立て直せずに、岐阜は最下位でＪ３降格となった。

選手たちとの距離感の正体

２０１９年シーズンかぎりで岐阜との契約を満了した北野は、２０２０年1月、当時日本女子サッカーリーグ1部のノジマステラ神奈川相模原に監督として招聘された。翌秋にプロリーグがスタートすることになっていた女子サッカー界で、ノジマステラもチームの強化を図り、Ｊリーグで実績のある北野を新指揮官に抜擢したのだった。

初めての社会人女子の指導では想像以上に、プロの男子とのギャップを感じることになった。北野がこれまで主戦場としてきたＪ２リーグは、スター選手を多く擁することの出来ないチーム同士、智将たちが戦術的工夫を凝らし、降格と昇格の狭間で手練手管の駆け引きを繰り広げてシノギを削る世界だ。勝利という結果のために、ときには相手の裏をかく奇襲や高度な情報戦も厭わない。だが、それまでのなでしこリーグには、一部の強豪チームを除いて、それほど対相手戦術を凝らすという文化が存在しなかった。異なる相手と対峙しても攻撃も守備も同じ戦法。ミーティングでは戦術用語を耳にした選手たちの頭上にクエスチョンマークが立ちのぼった。

それまでのセオリーとして、「女子はキック力がないから短いパスをつないで運ぶほうがいい」という考え方も浸透していた。パス&コントロールやポゼッション練習では技術の高さが見えるが、長いボールは蹴れず、長短や強弱のメリハリに乏しい。

「女子は100%の力を出し切らないから一日2試合でもこなせる」

そう聞かされて「まさか」と思ったが、本当にそうだった。株式会社ノジマの社員である選手たちは、朝から店舗で電化製品の販売などに従事し、15時からトレーニングというハードスケジュールをこなすのだが、それでいて練習は毎日3時間にも及んでいた。

そういったひとつひとつのギャップに対応したり修正を施したりしながら、北野はここでも人心掌握術を発揮していく。ただ、チームマネジメントの過程では180度に近い視点転換も強いられた。

「これまで男子に対してやってきたアプローチが全然通用しない。俺が熱く語っても『このオッサンなに言ってんだ』っていう冷めた目でしか見られないんだよ」

選手たちと同年代の長女を持つ北野だが、サッカー指導となるとやはり勝手が違った。選手たちは全員、グラウンドとクラブハウスに隣接する社員寮で生活しており、トレーニング以降は就寝まで一緒に過ごすという生活パターンだ。北野の就任2シーズン目からはプロ契約とアマチュア契約の選手が入り混じり、立場やサッカーとの向き合い方にもばらつきが出てきた。男子に比べて女子は仲良しグループを作りやすい傾向もあるように感じられる。最初のうちはどうすればいいのかと頭を抱えた。

「知り合いから冗談で『セクハラしないように気をつけろよ』って言われたこともあったけど、とんでもない話ですよ。こっちがセクハラされてる側だからね。カマタマーレのときみたいにゴール前に立って『シュートぶつけたら罰金』なんてやろうもんなら、みんな大喜びで俺を目掛けてわざと強いの蹴ってくるに決まってるんだから」

壁を乗り越えたからこそそんな軽口も叩けるようになったが、まったく異なる文化圏において言語や文脈を通じさせるまでには、意図的な立ち回りが必要だった。岐阜の監督に就任したときに感じた以上の、選手たちとの距離感の正体は何なのか。

「カマタマーレの頃は、選手たちとも男同士でわかり合えるものがあったんだよな。問題児もたくさんいたけど、俺の言いたいことはきちんと伝わっていた……」

煙草をふかしながらぼんやりと考えていたある日、北野はひとつの真実にたどり着いた。

失敗を振り返り思い当たるフシ

俺はあのとき、気づかないうちにいちばん大事なものを自ら切り捨ててしまったんじゃないか。

いまさらのように、北野は思い至った。

カマタマーレではＪ２昇格後、あれだけ毎年のように苦しい残留争いを繰り返していたのに、ついに踏み止まれなかった最後のシーズンになるまで、チームが空中分解したことはなかった。もちろん、トレーニング中の選手同士の諍いもあれば監督に反抗する選手がいたこともある。それでも最終的に北野が「俺について来い」と言えばチームはひとつにまとまって、みんなで勝利するために戦うことが出来ていたのだ。

それが北野が時間をかけて積み上げてきた信頼の上に成り立つものであったことは間違いない。岐阜では大木武というカリスマが去った後、そのカリスマを慕って集まってきていた選手たちの矢印がバラバラになるのを食い止めることが出来なかった。

残留争い中のチームにとっていちばん大切なのは全員の一体感だ。一体感があるからこそ、ポジション争いにも全力でぶつかれる。だが、残留のための急激なスタイル転換にあたり、岐阜の選手たちは向かうべき方向を見失った。チームをまとめるべき中心選手たちが夏に移籍でいなくなり、癖の強いプレースタイルを持つ選手やおとなしい優等生タイプが残ったところに、まとめ役を期待して連れてきた馬場賢治がシュートを外し、リーダー役の當間建文もオウンゴールするというアンラッキーが重なる。

「センターバックの前にポジショニングしろって言ってある選手が、いざピンチのときにそこにいない。コーチングしても戻ってこない。センターバックが打ち合わせどおりにラインを上げてないっていうのもあったんだけど。そういうところをまとめきれなかった」

カマタマーレ時代と違って、トレーニングやミーティングで北野が指示したことに対して異議を唱えたり反抗的な態度を取ったりする選手は、岐阜にはいなかった。なのに実際に試合になると、事前に確認したはずの規律が守られず、それぞれの勝手なプレーが組織を壊していく。指揮官の苦言にも、奮起を促すサポーターの叫びにも、どこか淡々として反応が薄く、馬場や當間の熱さだけが空回りしているようだった。

「みんな真面目だし、悪いヤツらじゃなかったんだよ。だけど、あのときの彼らは闘える選手と呼べる状態じゃなかった。そして俺は、そういうハートの部分を見抜けていなかった」

そう振り返ったとき、北野の脳裏には2人の選手の存在があった。木島良輔と山本翔平だ。北野にとって帝京高校の後輩でもありコーチ時代にロアッソでも指導したことのある木島は、2013年に北野に呼ばれてカマタマーレの一員となった。山本は北野が京都パープルサンガのジュニアユースを指導していた頃の教え子で、やはりロアッソでプレーした後、木島と同時にカマタマーレ入りしている。

北野にとってはその2人こそが、カマタマーレでの自身の右腕的存在だった。

「アイツらはね、俺に文句を言いながらもやってくれるの。決して手懐けたわけじゃないんだよ。ちょっとずつ信頼関係が育っていった。周囲が思うほど本人はそこまで信頼されてる、信用してるって思ってないと思う、それが普通になっちゃってるから。でも結局、いま考えてみたらやっぱりあの2人だったんだなって」

自分でも「俺、よく知ってる監督との対戦ではちょっと色気づいちゃうんだよ」と頭を掻く悪癖が、北野にはある。たとえば２０１７年から２０１９年3月までジェフユナイテッド市原・千葉を率いたファン・エスナイデル監督。極端なまでのハイライン・ハイプレス戦法でやたら攻撃的なスタイルを貫き、大勝する試合もあれば大火傷を負うことも多かったが、いつも楽しそうに指揮を執っていた。そのエスナイデルとの対戦になると、北野はつい思ってしまうのだ。

「こっちも同じようなことをやってやろう。何点取られてもいいからやってしまえ」

そんなとき、不穏な気配を敏感に察知するのが、長年ともに仕事をしてきた木島と山本だった。

「キタさん、まーた調子に乗ってんじゃないのー？」

茶々を入れるように釘を刺してくる彼らの言葉で何度、無謀なアイデアを思いとどまったことか。

鉄壁のメンタルで勝利を目指す指揮官と言えど人間だ。むしろ悩ましい事案は山積していて、日によっては安定感を損ねることもある。そんなときにも彼らは、チームがブレないように仲間たちに声をかけてくれた。

「キタさんはあんなこと言ってるけど、ほっとけほっとけ！」

練習中に納得のいかないことがあると北野に食ってかかることもある2人がそう言えば、若手たちも安心して笑うことが出来る。食ってかかられた北野のほうも簡単には譲らず、散々言い合った後で「うるせえ！　俺が監督だ、俺が責任を取る！」と言って話は終わり、なんだかんだで試合では木島も山本も北野の指示どおりプレーして、勝ったり負けたりを繰り返してきた。そういうタフな戦いを何年にもわたってともに乗り越えてきたことも、絆をさらに強めたのだろう。

「勝てないと、練習のときもギスギスしてくる。カッコ悪いとこも見せ合うし、要求し合う。そんなときも矢印は人には向けていなくて、自分にイライラしているんだよ。でもそうやって勝ち続けて残留すれば、喜びもひとしおになる。そういうのは面白かったね。あの頃は苦しかったけど、楽しかった……」

いつの間にか見失っていた大切なもの

２０１８年シーズンに向けて、カマタマーレは大幅な戦力の入れ替えを敢行した。木島と山本をはじめ、綱田大志、大沢朋也、エブソンら、長年チームを支えてきた面々が去り、馬場賢治が大分トリニータへ、仲間隼斗もファジアーノ岡山へと引き抜かれていった。入れ替わりに重松健太郎や荒堀謙次ら実績豊富なプレーヤーとともに、麻田将吾や佐々木渉といった若い選手を獲得する。

木島の後継者にと北野が白羽の矢を立てたのが、「ベガルタ仙台の至宝」と呼ばれた佐々木匠だった。ジュニア時代からベガルタアカデミー育ちで年代別代表にも選ばれ、トップチームに昇格して3年目。育成型期限付き移籍で加入してカマタマーレの攻撃の核となり、2018年のチームが苦境にある中でも40試合出場4得点という結果を残した。

開幕からなかなか勝点を積めずにはいたが、シーズン序盤、この年のカマタマーレがそれまでとは異なる新たな魅力を感じさせていたことも確かだ。渉と匠のダブル佐々木や重松らが躍動する攻撃的スタイルで、むしろ内容的には相手を上回るようなゲームも多く見られた。

このまま我慢して組織を熟成させることが出来ていれば、徐々に結果もついてきたかもしれない。だがそうなる前に、勝てない焦りや試行錯誤の中での迷いが生じ、チームはネガティブな方へと押し流されていった。それを食い止められる存在が、選手たちの中にいなかったことが悔やまれる。戦術的には確かに、佐々木匠は木島に勝るとも劣らぬ存在感を醸し出せていたが、地元仙台を初めて離れた二十歳そこそこのファンタジスタにとって、育ってきたベガルタとは何もかもがあまりに異なるカマタマーレでの日々は、過酷だったかもしれない。その後はレノファ山口での武者修行も経て戻ったベガルタで2シーズンにわたりJ1での戦いを経験し、2022年からは愛媛FCに完全移籍して、ときどき仙台銘菓『萩の月』を手土産に北野を訪ねてくる一人前のJリーガーへと成長したが、当時はグラウンドで北野に叱られると涙目になる若手だった。

確かに世代交代の波は容赦なくやってくる。クラブはチーム人件費の枠内で効率的に戦力を揃えなくてはならない。選手としても限られた現役期間に出来るかぎりのことをしておきたいから、上のカテゴリーや年俸の高いクラブからオファーがあればステップアップのために移籍というチャレンジを選ぶ。だが、この年にカマタマーレが敢行した選手の入れ替えは、あとから考えれば、大事な屋台骨を一気に失う〝判断ミス〟だった。

長期政権となったカマタマーレを離れ、岐阜という異なるチームを半年任されて、さらに女子という未知の領域に飛び込んでみて初めて、北野はあらためて強くそのことを認識した。いつもそこにいた彼らとの信頼関係があたりまえになっていたからこそ、長きにわたり率いてきたチームのアキレス腱も、意識できなくなっていたのかもしれない。対戦相手の急所を見定めることに長けた北野にしては、皮肉なことだった。

自らを成長させた「本当の失敗」

そんな自らを振り返って、北野は言葉を絞り出す。

「監督っていうのはね、結構言い過ぎちゃうものなんですよ。けど、ピッチでは選手たちに自由にやって欲しいとも思ってる。その匙（さじ）加減を理解してくれる選手がピッチの中にいるかどうかは、本当に大きいんだよね。そういう存在がいるチームはしぶとい。最後まで食らいつく」

思えばロアッソを率いていたときにも、北野には藤田俊哉というピッチ上の参謀がいた。北野の言わんとすることを汲み取り、それを選手の言語に翻訳して、チームメイトたちに落とし込んでくれていた。藤田のような優等生タイプではなかったが、カマタマーレでその役目を担っていた木島と山本は実に巧妙に、ある意味、逆に北野の手綱を握っていたとも言える。

「アイツらは、やっぱり俺のことをわかってたんだなと。監督にとって、歯向かうようなことを言ってくれる選手は大事なんだよ。なのに俺はカマタマーレでの最後のシーズン、世代交代という言葉に惑わされて、本当に必要な選手を戦力外にしてしまった」

カマタマーレでやってきた「俺についてこい。ケツは全部俺が拭いてやるから。私生活もまかせろ」という侠気マネジメントが、岐阜では通用せず、女子ではさらにダメだった。木島や山本のキャラクターがそれを支えてくれていたのだと、いまではわかる。そして時代の流れも、サッカー指導者たちに新たに、よりロジカルなアプローチを要求しているのだ。カマタマーレ時代には何かあるごとに「一緒にメシでも食おう」と誘って腹を割って話せば、大抵のことは解決した。だがこのご時世、女子とはそんなふうに2人で食事に行くわけにもいかない。マネジメントのすべてはグラウンドとミーティングルームで完結させる。

「逆にノジマステラに『女キジ』とか『女翔平』、『女賢治』がいなくてよかったよ。岐阜でもノジマでもあれが上手く行っていたら、俺はいまだに浪花節のままだったかもしれない。そうしたらいまの時代にはそぐわない監督になっていたと思う。だからこそ、女子の指導ですごく学んだ。それはよかったんだと思う。岐阜でもあんな難しい状況を経験して、逆に俺のメンタルが崩れた。こうやって失敗したから、次は成功させる自信がある」

サッカー指導のありかたや監督のあるべきたたずまいが変化しているから、それに適応していく。それでも、右腕的存在となる選手は必ず手元に必要なはずだ。今後の監督人生において、第二、第三の木島や山本は現れるのか。

「もう生まれてこないかもしれないね。彼らほど一緒になって喧嘩しながらもやれる関係というのは、多分なかなかないから。だから、彼らがいない新しいマネジメントを模索しなきゃならない。だけど、もしもまたJリーグで指揮を執ることがあったとしたら、岐阜で一緒にやった若い選手たちが、いつか助けてくれるかもしれないよ」

新たにスタートしたWEリーグ界に戦いの極意を注入しようと奮闘した北野は、2021‐22シーズンをもってノジマステラの監督を退任。監督業と並行するかたちで、WEリーグでの経験をもとに女子育成のためのサッカースクールを立ち上げた。そこでは女子の指導で出会った選手やコーチたちも、力を貸してくれている。

2022年12月には「マッチャモーレ京都山城」の監督に就任して巷の話題を集めた。京田辺市を拠点にJリーグ加盟を目指し、2020年にスタートしたクラブだ。2021年に参入した京都府リーグ4部でいきなり優勝すると翌年は3部、さらに2023年シーズンは2部へと着々とカテゴリーを上げており、この成長の勢いには、北野が監督に就任した頃のカマタマーレを彷彿させるものがある。

クラブ代表を務めるのは作家で欧州サッカーにも明るい塚本亮氏。「J3のチームでもJ1より観客を多く出来る」といった楽しげなアイデアとともにクラブの未来を語る人物で、サッカー観でも意気投合したという。塚本氏からは「監督だけでなく取締役として一緒にクラブを作ってほしい」というオファーも受け、その就任が発表された日、北野は自身のSNSにこう記した。

「めっちゃ面白いクラブのビジョンに共感しました。カッコつけんとカッコ悪く生きる事がカッコええのを気付かせてもらった気分です」

それからは早速、大忙しの日々だ。シーズンを戦う準備を進めながら、監督就任イベントやSNSなどで精力的な発信を続ける。そんな北野の新天地での挑戦に、ロアッソやカマタマーレ時代からのファンたちも熱視線を送るようになった。

かつてカマタマーレを四国リーグからJFL、JFLからJ2へと昇格させたようにマッチャモーレを急成長させ、〝失敗しない男ふたたび〟となるのか。カマタマーレでの最後のシーズンに自分とチームにとってかけがえのなかった存在を見失った、あのときの痛みが胸から消えることはないが、だからこそまた新たに掴み取れるものがあると、北野は京都の空を見上げる。

寡黙は金

吉田 謙

インタビュアー泣かせの指揮官

ブラウブリッツ秋田の監督として3シーズン目を終えた吉田謙のインタビューを前に、いつもとは異なる緊張を抑えられない。同時に、一体どうなるのだろうという期待感と冒険心も煽られていた。

なにしろ、コアなJリーグファンの間で人気急上昇中の指揮官だ。

まず戦績がめざましい。2020年シーズンに当時J3で戦っていたブラウブリッツの監督に就任すると、開幕から9連勝して28戦無敗。第28節にJ3史上最速でリーグ優勝とJ2昇格を決め、翌シーズンはJ2初挑戦のクラブを13位フィニッシュさせた。3シーズン目はさらにひとつ順位を上げて、J2中位での足場を固めている。

結果を出したそのスタイルも実に特徴的だ。ピッチに立つ11人がハードワークしながら後方から長いフィードを多用し、ダイナミックかつひたむきにゴールを目指していく。そういう戦法のチームは他にもあるのだが、ブラウブリッツのそれはとにかくその徹底ぶり著しく、一旦ゲームを落ち着かせる遊びのパスや相手を回避するためのプレーも極力少なくしているように見受けられた。出来るだけ手数少なくシンプルに、何が何でもゴールを目指すという強い意志を前面に押し出し続けているようで、その圧は試合中継画面を通してもひしひしと伝わってくるのだ。愚直なまでに貫かれるその戦いぶりに、対戦相手が気勢を削がれているようにまで見える。

そのスタイルは、指揮を執る吉田の立ち居振舞いにも象徴されるようだった。つねに隙なく直線的に動き、ピッチに出てくれば観客席に向かって直立からの一礼を欠かさない。中継で試合後のサポーターへの挨拶が映し出されるときには、画面から見切れるほど深々とお辞儀している。

何よりも中継観戦組のＪリーグファンを釘付けにするのが、試合前後に流れる監督インタビューだった。

表情は無に近く硬質な印象。そして言葉数が極めて少ない。インタビュアーへの回答はほとんど一言に近いレベルで、「この試合は監督の狙いどおりに運んだのではないですか？」と問われれば「すべてはハートです」と答え、「今日は素晴らしい勝利をものにしましたが、勝因は？」という質問には「秋田一体！」とチームスローガンで応じるといった具合だ。センテンスとしてはこの上なく短いが、決して取材が嫌いだったりスカしたりしているわけではないことは一目瞭然で、そこに込められた熱や誠実さは、これも画面の枠に収まりきれない迫力で伝わってくる。

だが、中継のインタビュアーにとっては高いハードルだ。これでは監督インタビューが秒で終了してしまう。場を保たせなくてはならない立場としてはなんとかして吉田を喋らせようと試みるのだが難しい。２０２１年はチームスローガンが「秋田一体」だったので、何を訊いてもすべてがそこに集約されてしまった。早くシーズンが終わって違うスローガンになってくれればと願っていたら、2022年のスローガンは「超秋田一体」へとパワーアップし、インタビュアーの苦悩も超継続することが決定した。

言葉数の少ない指揮官は他にも何人かいて、その言葉を引き出そうとインタビュアーが苦戦する〝もうひとつの戦い〟も、中継観戦を楽しむJリーグファンのマニアックな娯楽となっている。たとえば大木武もインタビュアー泣かせで名を馳せる指揮官の一人だ。ただ、大木の場合は相手への手の内隠しを目的としているのが見え見えなときも多く、それは大木も承知の上で、いかにも愛想を欠く解答をしてみせたあとでニヤリとチャーミングに笑ってみせたりする。

喋らない指揮官と喋らせたいインタビュアーのマッチアップという図式は同じでも、吉田はまた他の監督たちとは一線を画しているように見えた。そしてその究極に短い台詞の中に時折、独特にエモい一節が差し挟まれることがある。たとえば2020年シーズン、ブラウブリッツが初めて挑戦したJ2で残留を確定した試合後のインタビューだ。YouTubeのJリーグ公式チャンネルに、その映像が残っている。

「河原の小石は崩れるけれども、僕らが積み上げた努力の石は、絶対に崩れない、揺るがない、ブレない。これからもひたむきに、サッカーに全力で取り組んでいきたいと思います」

相手サポーターの心も打ったスピーチ

熱を孕んでほとばしるひとひらの詩なのかこれは。質問を受けてから最適な言葉を探すように一瞬視線を泳がせ、その作業を経て搾り出される一言一句。そのたびに言葉と言葉のあいだに生じる〝間〟に、見る者は緊張感を誘われ、画面に惹きつけられるのだ。

そうして発せられる言葉は時に一種異様なまでに強度を高め、受け手に強烈なインパクトを刻む。その印象的な語録はおそらくファンらの手によって厳選され、ウィキペディアの吉田のページに、経歴や監督成績に続いて「吉田謙格言集」という項目として記録されることになった。

2022年夏、吉田が新型コロナウイルスに感染して自宅療養を強いられた第31節と第32節にはさらなる衝撃が視聴者を襲った。急遽、臼井弘貴ヘッドコーチがテクニカルエリアに立ち、中継のインタビューや試合後記者会見にも臨んだのだが、その臼井の喋りが、上司である吉田に生き写しだったのだ。

「自信というのは、読んで字のごとく、自分自身を信じるということ。自分自身とは何かというと、自分の力、自分の努力、自分の仲間、自分のチーム、そして自分たちが今日まで積み上げてきたもの。日常を信じよう、そう言って送り出しました」

内容もさることながら、言葉の絞り出し方も、そこに生まれる間も、クセの強さのすべてが吉田に似過ぎている。

これは巧妙な模倣なのか？　そういうネタなのか？

どう見ても大真面目にしか見えない臼井ヘッドコーチを眺めながら、吉田イズムへの興味はいや増すばかりだ。

記憶に残るかぎり、吉田が初めてJリーグで大きく脚光を浴びたのは、２０１７年。アスルクラロ沼津の監督を務めて3シーズン目、ＪＦＬから昇格させて初めて戦ったＪ３の、最終節終了後のことだ。アスルクラロはホーム、愛鷹広域公園多目的競技場で栃木ＳＣと対戦。最終節までもつれた上位争いを、勝点1差で迎えた両者のマッチアップだ。アスルクラロにとっては栃木に勝てば優勝が決まる一戦だった。ただし、Ｊ２ライセンスを持たないアスルクラロは、たとえ2位以内になったとしてもＪ２へと昇格することは出来ない。試合は1－1の引き分けに終わり、アスルクラロは3位に転落。栃木は2位でのＪ２昇格を手にした。栃木にとっては3年ぶりのＪ２復帰だ。昇格を信じて遠くアウェイの地まで駆けつけた栃木サポーターたちの歓喜の賑わいは、アスルクラロのホーム最終戦セレモニーがはじまっても、収まることがなかった。

そのざわめきの続くまま、スピーチの時間になると、吉田は落ち着いた口調で静かに語りはじめた。

「栃木ＳＣ。昇格おめでとうございます」

敵将からの祝辞に、アウェイゴール裏の歓声がひときわ高くなる。だが、吉田の次の一言で、喧騒はふっと鎮まった。

「ライセンスを持たない、僕の気持ちを聞いてください」

きちんと向き合わなくてはならない雰囲気が、スタジアム全体に立ちのぼる。

「僕らは優勝しても、昇格できない。だけど、ピッチに立ったら、１００％でプレーする。そんな僕らの姿を、今日、見ていただいたと思います。必ず僕らは、いつの日か昇格します」

１９９８年、かつて愛鷹をホームスタジアムとしたＪＦＬ・ジヤトコ株式会社サッカー部を最後に現役を引退し、その翌年にアスルクラロでアカデミーの指導に携わるようになって以来、アスルクラロ一筋で生きてきた吉田の言葉は、真に迫っていた。その真摯な宣誓に、アスルクラロのサポーターのみならず栃木サポーターたちからも拍手が沸き起こる。どちらも苦労しながら成長を続けてきたクラブだ。Ｊ３では全国各地でそういうクラブが対戦しており、地方の小さなクラブが存続していくことの大変さや、それが叶った先にある昇格への憧れや喜びを、応援するクラブが違う者同士でも共有できた。吉田のスピーチはＪリーグファンの間で話題となり、ＳＮＳやYouTubeを通じてその動画が広まると、愛するクラブを持つ人々の胸を打った。

その後、吉田がＪ２昇格を果たしたのはアスルクラロではなく、２０２０年から指揮を執るようになったブラウブリッツでだった。就任直後からの快進撃、さらに最速記録での昇格で注目を浴びることになり、ブラウブリッツの試合や吉田のインタビューを楽しみにする人々は徐々に増えていった。

その吉田への初めての、腰を据えての一対一でのインタビュー。そもそも何をどこまで話してもらえるのかと、期待と不安がさまざまに絡みあう。

刀工のように言葉を殴りつける

「言葉は、より少ないほうが、伝わる確率は高いと思います」

いきなり端的に核心だった。

試合前後のインタビューのスタイルについて、どういう意図でやっているのかと、こちらもダイレクトに訊ねたことに対する回答だ。

「伝わるものしか伝わらないので。自分が信じたもの、選手とともに日々努力したものを伝えたいという思いしかないです。選手を勝たせるために、秋田が成長するために、短い言葉で伝えようと思っています」

そのスタイルにたどり着いたのは、アスルクラロでアカデミーの指導に携わっていたときだった。

「言葉の恐ろしさも非常に理解しているつもりなので。子供に間違ったことを教えれば間違った方向に進んでしまう。僕が人生を壊してしまうこともあると思ったんですね。なので、正しく導けるように、みんなで同じ道を歩けるように、言葉を大切にしています。大人だから子供だからというのではなくて、選手に成長してもらえるように、短い言葉のほうが伝わると思います。子供たちは、その保護者やいろんな方々に育まれて成長していくものなので、親御さんから子供たちにまで通用する言葉を選び抜いていました。自分で言葉を殴りつけて、これで通用するかと。難しい戦術用語やカタカナ語はまったく子供たちには通用しないです。それよりも『走る！』って言ったほうが子供の心には突き刺さる。それは大人に対しても同じです」

言葉を殴りつける。初めて聞く表現だった。それは、言葉を吟味するというようなニュアンスなのだろうか？

「紙に書いてみたり、実際にコーチたちに言ってみたりする中で、最後は伝わるか伝わらないか。言って満足するのではなくて、伝わって、それがプレーに直結してくれるか。言葉は、ただ発せられるものではないので。変化を起こせるか。その言葉の先の先に夢の扉を開けるものなのか。言葉ひとつとっても、ある言葉を伝えたいけれど、いまはまだ早いからと段階を踏んで伝えることもあります。言葉を伝えたけど伝わっていないとしたら、完全な僕のミスだと思います」

深夜ひとりでひたむきに槌（かなづち）を振り下ろす刀工の背中が浮かんだ。一本の日本刀を鍛造するように、この監督はひとつひとつの言葉を叩きあげ、磨きあげてから発していたのだ。

トレーニングでも、ミーティングでも、それは貫かれる。

「僕はシンプルな言葉、本質の言葉しか使わないので、選手たちは咀嚼能力をトレーニングの中で磨いていると思います。たとえば『ゴールを目指すトレーニングをします』と言う。それだけで、選手はゴールを目指すと思います。それしか言わなかったらゴールを目指す。目指し続けると思います。そこに不必要なバックパスや横パスは必要ですか？　前に行く、シュートを打つ、ということになっていくと思います」

そうやってブラウブリッツのサッカースタイルは培われていた。

ゴールを目指すトレーニング。選手たちは唯一与えられたその情報をもとに、トレーニングメニューの意図を自らの頭で考えながら、ゴールを目指していく。

だから練習中に選手は何度も、さまざまな決断を下すことになる。それぞれの決断がひとつのチームへとまとまっていくように、そしてひとつのチームとしてそれぞれが決断できるようにと束ねていく作業こそがトレーニングだと、吉田は言った。

「練習や試合が終わったあとに『あの判断はもっとこうしたほうがよかったね』『あのプレーはこうだったね』と言うのではなくて、プレー中に選手が決断したことを認めてあげたい。終わってから指導したり修正したりするのではなく、選手が決断したものを、一緒に決断していきたいと思っています。きみが腹を切るなら俺も切るという感じです。俺が切るからお前も切れ、ではなく。その決断を信じてあげたい。それが挑戦的なものであれば、またチームの本質である誠実で粘り強いものであれば、背中を思いきり押してあげたい。じゃあやってみようと。選手が決断するためのトレーニング、それを積み上げていくことでチームとしても人としても前に進んでいく。自分が信じたものでしか、人は絶対に動かないです。そこは信念を持って選手とともに日々戦っていく。秋田の一体感というのは本当に素晴らしいと思います」

それを確かめるために、とにかくまずは選手にプレーの意図を聞くのだという。さらに質問を重ねながら、どのようにしてその判断に至ったのかを確認していく。そしてそこに寄り添う。

「意志あるところに道あり。選手は意志を持ってプレーしてくれていると思うので、その道を聞きます」

選手が主体的にトレーニングに取り組む、そんなブラウブリッツのグラウンドはいつもポジティブな空気に満ちているのだと、吉田は胸を張った。

「最終的には選手が自分の決断をしていくのがサッカーのいちばんの面白さ。その決断が徹底されて一体感があればあるほど、強力な矢印となると思います。なのでそれをチーム、選手、みなで決断するんです」

「秋田一体」に込めたチーム作りの本質

個々の決断をチームとして束ねるにあたっては、伝えるタイミングも重要だという。

選手のトレーニング中の小さな変化を見逃さず、即座に「いいプレー！」「ナイス！」と声をかける。

「熱さの賞味期限があると思うんです。選手にいろんなことを言えば、忘却曲線がガクンと落ちるときもある。同じことを言い続けることで、忘却の率は少なくなる。熱いうちに『ナイス！』と伝えることが大事で、それはずっと覚えていると思います。それが試合に直結していきます。それをみんなで共有することもあるし、一人に言っているようで実は全員に言っていることもある」

そういう声かけでももちろん、選手が自ら気づきを得るようなアプローチを選ぶ。

「サッカースタイルもそうですけど、マネジメント方法から徹底してるんですね……」

思わず感嘆して漏らすと、吉田は言った。

「徹底的にやり続けなければ何も生まれないし、徹底的にやり続けることでしか、研ぎ澄まされた感性の域に達することは出来ない。それによって小さな変化に気づけたり、それを積み上げることで選手とチームが伸びていくと思っています。たとえば会社に行って毎日机を磨く。毎日磨いていると『あ、ここに傷があるな』と気づけると思うんです。小さな傷でも毎日やることで気づくことが出来るし、新たな傷が出来たとかゴミがあったというのは、徹底しているからこそ気づけるわけで、その変化を選手と共有しながら磨いていきたい。毎日必ず気づきはある。練習から徹底して行っていますので、一歩とか一秒みたいなものを感じられるようなことを大切にしています」

評価の基準となるのは「チームの本質」だという。ではチームの本質とは何なのか。それこそ「秋田一体」を噛み砕けば、どういう言葉になるのか。

「まず、誠実さ。粘り強さ。そして挑戦。最後に躍動。この4つです。最初の3つがないと躍動しません。チームみんなで約束事を守り、チームのために働ける誠実さ。約束を守り、守り切る。やり切る心の強さ。それを粘り強く表現していく。やり抜く継続性。徹底した粘り強さですよね。それをみんなで挑戦していこうと。そうすると最後に、選手が躍動すると思います」

吉田が選手にダメ出しをするのはその判断が「本質」から逸脱したときだ。

「約束と違うこと、たとえば技術的に出来ないものではなく、必ず出来ると思っているもので挑まなかったもの。それは秋田の『挑戦』から外れているので、挑戦することを後押しします」

日々繰り返され、積み上げられていくのは、勝つため、選手が成長するため、チームの本質のためのワンタスクトレーニングだ。ひとつのテーマに沿って課題に取り組み、それが積み重なってスタイルが形成されていく。

「彫刻で言うと、最初に木があって、みんなで彫っていって、同じようなイメージで同じものを作る。これを作るために今日ここを彫ろうと明確にやっていく。新たなアイデアも出るだろうし修正ももちろんあるだろうけど、それを明確にして積み上げていくことを日々みんなでやっています」

やっていることは至ってオーソドックスのように思えるのだが、何故にこうも突き抜けたものになってしまうのか。

紙一重の差を埋めるための紙一重の練習

東京都国立市に生まれた吉田は幼少期にサッカーの魅力に取り憑かれると、地元のサッカークラブで本格的にボールを蹴りはじめた。「サッカーマガジン」と「サッカーダイジェスト」を毎月発売日に買いに本屋に走っていた小学生だったという。中学2年生のとき、自ら強く望んで単身で2ヶ月間、ブラジルにサッカー留学。当時、三浦知良がユースに所属していたCAジュベントスでトレーニングを積んだ。

帰国後は現在の東京ヴェルディ1969の前身である読売サッカークラブのジュニアユースに加入し、ユースへと進む。ジュニアユース時代はフォワード、ユース以降はディフェンダーで、ロングスローが得意なハードワーカーだった。高校を卒業すると社会人や学生がプレーするセカンドチーム的な読売サッカークラブ・ジュニオールでもプレーし、その後は日本体育大学で教育や指導を学んで、日本鋼管サッカー部、ヴァンフォーレ甲府の前身である甲府クラブ、ブレイズ熊本、ジヤトコと、プロプレーヤーとしていくつものクラブを渡り歩いた。

行く先々でさまざまなサッカーを経験し、また、指導者となってからも、あちこちのチームの練習を視察し学んでいる。

その中で、あのブラウブリッツの、まっしぐらにゴールへと突き進んでいくスタイルを選んだ理由は何なのか。いろいろなサッカーを経験した上で、それがいちばん勝利に近いと考えたからなのか？

その質問に対する吉田の回答も、実に明解でシンプルだった。

「サッカーの本質はゴールを奪うこと。ゴールはいちばん前にあるので、前に挑む。それを繰り返すことが大事だと思います」

なんというかもう、言葉の発し方と志向するサッカースタイルがリンクし過ぎていて納得するしかない。

「言葉は削ることのほうが多いです。『一言力』が大事なんです。徹底の対義語は中途半端。中途半端の類義語はバリエーション。徹底すれば徹底するほど、ひとつの矢になって強くなります。徹底できなければ中途半端になる」

バリエーションの豊富さは柔軟性をもたらす美徳だとばかり思っていた。そうではない価値観がここにあった、と、目から鱗が落ちた。

「バリエーションの中から優先順位を徹底して、『でもこれもありだよね』ということをチームで共有する。それが多ければ多いほど、迷うと思います。そのギリギリの決断の中で選手が選んだものは尊重したい。というか、信じています」

決して「それしか知らない」のではない。それ以外の多くについてもよく知っている。その中で、核心に迫るために余分なものを削ぎ落としていった結果、ここにたどり着いた。そしてそれはさらに強く、早く、正確に、少しずつ変化しているのだという。

「アンチテーゼとして正しいもの、もっと真反対のもの。そういうものの中から話し合いながら本当にいいものが出来ていくこともあるかなと思っています。なので、まったく真逆なものを見るのも好きです。違うカラーを持ついろんなチームのミーティングに参加させていただいたり、練習見学したり。ふと車で通りかかる少年団の練習を見るのもすごく面白いです。通りすがりに見かけた少年たちのサッカースクールに、いきなり飛び入りで参加することもあります。それを見ることでいろんなことに気づくこともあると思いますので」

自らの哲学があるからと言って、それとは異なるものを否定しない。そしてそれは逆説的に、さまざまなスタイルのチームがひしめき合いシノギを削り合うJ2にあって、よりブラウブリッツらしさを際立てていくのだ。相手がどういうスタイルであっても、このチームは同じ戦い方を貫いていく。

「相手に合わせてというのはないですね。どれだけ僕らの挑戦が通用するか、練習で準備したことが出来るか、そこにフォーカス、フォーカス、フォーカスです。紙一重の差を埋めるために紙一重の練習を続けている。対戦相手のことも、もちろんスタッフみんなで分析して選手にミーティングすることは行っていますけども、光があれば陰もあるので、自分たちのその光の部分、自分たちのいいところを磨き続ける。いいところを磨き続けると、相手のいいところもすごく見られるようになる。相手の悪いところはこうだよね、味方の悪いところはこうだよね、という見方だと、ポジティブなオーラは出ないです。味方のいいところも見られるし相手のいいところも見られるし自分たちの今日の良さも見られるようになるので、トレーニングでもそういう空気になりますよね」

当然、試合ごとの戦術的な約束事はある。ただしそれは、相手に合わせるというよりも「秋田は秋田である」「今日も秋田で戦う」というブラウブリッツらしさの表現を目的とするものだという。

これだけ明確なスタイルを貫いていると相手に対策されてしまったりもするのだが、それでも吉田はひたすら不変の道を行く。

「相手の対策を上回れば、それがいちばん大きなものだと思います。相手の思った以上にわれわれの徹底が上回れば、徹底勝ちとなる。その中で、出来た／出来ないが白黒はっきりします。選手の主体的決断による若干の変化は試合中にたくさんあって、そこは見てあげたいなと思いますけど」

「魔物を入れるな」「寄せる距離は味方を裏切らない」

２０２２年シーズン終了後、ブラウブリッツは『日めくりカレンダー「まいにち吉田語録」』を発売した。

それを告知する公式サイトのページには、こう書いてある。

「これまで多くの方々からご要望をいただいておりました吉田語録カレンダーの発売が遂に決定しました。サッカーやスポーツの分野に限らず、どのような日常をお過ごしの方にも響く語録であること間違いなしです」

やっぱりそういう要望出ますよね、と笑うと吉田は大真面目にその長身を縮こめた。

「大変恐縮です、という思いしかないです。心の底からそう思っています」

２０２３年のカレンダーというわけではない。何月のということもない。ひとつずつ吉田の言葉が記された各ページには1日から31日までの日付のみが入っており、毎月、繰り返し利用できるようになっている。その仕組みまでが、とにかくひとつのことを徹底して継続する吉田の生き方にリンクしているようにも感じられて、ひときわ味わい深いのだ。

ウィキペディアのページに格言集の項目があることを御存知ですかと訊ねると「マネージャーが教えてくれました」と、少し恥ずかしそうに笑った。

折角なので、そのうちのいくつかについて真意を訊いてみる。まず、「魔物を入れるな」という一言について。

「隙を生むなということです。隙があればそこから入り込んでくるものがある。たとえば試合に勝って、最後にロッカールームで『今日は素晴らしかった。ただ、勝ったけれども、隙を作るな。魔物を入れてはいけない』とか。たとえば2-0でハーフタイムを迎えてロッカールームで喜んでいる姿を見て、『試合は終わっていない。何も成し遂げていない。その姿に魔物が入ってきているよ。負けという魔物が』とか。集中しろ、というよりもこのほうが伝わる。そういうところはぎりぎりまで考えてます。『こら、ヘラヘラ笑ってるんじゃない』と言ってもいかがなものかと」

印象的な表現を用いることで、より切実に選手たちにイメージさせることが出来るわけだ。では「寄せる距離は味方を裏切らない」という言葉はどうなのか。「もっと寄せろ」といった直截的な表現にとどまらず、後半部分を加えることによって、より選手にエモーショナルに伝わる効果が生まれそうだ。この分析はいかがですか、と訊ねると吉田は「いいですね。いいと思います」と笑顔を見せてくれた。

「前線からチェイシング。二度追い、三度追い、地の果てまでも追いかける。その姿勢が次の中盤ディフェンスに訴えるものって大きいと思うんですよね。寄せれば寄せるほど相手のコースは限定され、後ろの選手がボールを奪う確率は高くなる。アバウトに寄せている状況では相手の選択肢も多くなるじゃないですか。それはゴール前でも同じで、寄せれば寄せるだけキーパーはシュートコースを限定して読めるだろうし。逆に前の選手が寄せてくれたのに次が奪えない、というのも裏切り行為というか。そこは信頼の絆チェーンで結ばれている。鎖だと思います。それは日々の練習からですね」

比喩の絶妙さや言葉のインパクトの強さ。他の人からは出てこない独自表現が非常に多い。吉田の言葉選びはつねに意図的なのか、それとも期せずして湧き上がってくることもあるのか。

「試合になれば心のスイッチはオンになるので、そのときの思いを言葉で表現しています。日々の落ち着いた中で、選手が成長する、秋田の本質に迫るために言葉を選ぶこともあります。その言葉が通用するかしないかは、言葉を殴ったり、違う言葉に変えたり、コーチたちにどちらの言葉のほうが響くか訊いてみたりしますね」

もちろん、臼井ヘッドコーチの試合前後のインタビューが吉田と瓜二つであった件についても訊いてみた。

「あれが〝秋田一体〟です。僕だけではなくコーチも同じ思いを共有している。同じ絵を描いている。情報が、僕だけではなくてコーチたちからも入ってくるので。日々、同じイメージでトレーニングしているので、スタッフは誰にインタビューしてもそうなると思います。『このプレーはいい！』『秋田の本質はこう！』というのが徹底されていると思います」

最後に街は勝つ

吉田の徹底ぶりが結実して、ブラウブリッツは〝J2中位のチーム〟になった。

J3からJ2に昇格させ、順位を少しずつ上げる中で、秋田の街の変化を、吉田も肌で感じていた。クラブが少しずつ大きくなり、サポーターの数が増え、街に青いユニフォーム姿の人が多くなった。

「それは素晴らしいことです。最後は街で勝つものだと思います。その街に根付くもの、息吹くもの。それがチーム、選手を強くする。選手は真剣にプレーする。サポーターも真剣に応援する。お互いがド真剣であればあるほど、熱くなると思います」

秋田の人は非常に謙虚で無口で、あまり表には出さないが熱い心を持っている。雪の中でも耐えしのぐ、強い心を持つ人が多いのだと、吉田はその印象を語った。

「地域のみなさまに愛されて、クラブも地域を愛して、ひとつのチームが地域の活力源、圧力釜になれるように。そうなると格上げ、つまり昇格することで地域の熱が上がると思います。昇格が最終目標ではないですけども、地域のためにどれだけ貢献できるか。地域の子供たち、そして応援してくださるみなさまに、どれだけ活力になれるかを大事にしているので」

その思いが込められたのが「秋田一体」「超秋田一体」というスローガンだったのだろう。

地域のためにという思いは、アスルクラロでも同じだった。

「静岡は、東の沼津、中の藤枝・清水、西の磐田と3つにすっきり分かれていて、東であるところにはサッカーの強豪校、サッカー専用スタジアムがありません。中である清水はエスパルスを中心に、清商、静学、東海第一、藤枝東、その他もろもろ。西はホンダ、ジュビロ、浜名がひしめくサッカー王国です。でも東には何もなかった。東の熱を、とにかく熱くしたかった。『東に魂の熱いクラブあり』、それが必要だと感じていました。なのでJリーグクラブになることが必要だと思っていました。Jリーグクラブになり、さらに挑戦する思いしかなかった。JFLからJ3に昇格させていただいて、この町にJリーグクラブが誕生するということは素晴らしいことだったと実感しました」

2023年、吉田はブラウブリッツでの4シーズン目に挑む。

ここ数年で高まっていた戦術ブームの流れから、必然的に個の強度がクローズアップされるようになったことも影響してか、あるいは「結局重要なのは両ゴール前」という意識が高まったからか。ブラウブリッツは2022年シーズン終了後、多くの主力を他クラブから引き抜かれた。苦しいことにはなったが、裏を返せば吉田の培ったサッカースタイルの強度が高く評価された証だとも言える。選手が抜けたポジションにはまた別の選手が補強され、もう一度、ブラウブリッツの本質を表現できるチームへと束ねられていく。

「やはりチーム作りの鍵になるのは言葉なんでしょうか」

そう訊ねると吉田は「いや、練習じゃないですか」と迷いなく答えた。

「みんなで目指していくものを練習で。決して命令ではなく、挑戦・躍動しながら前に進んでいく、そしてボールを奪う。そういうことが大事だと思うし、そういう組織生命体でありたいと思います。生命体なので調子が悪いときもありますけど、そのときは助け合う。一晩寝てまた違う生命体になるんじゃなくて、ポジティブな空気が流れる素晴らしい生命体であり続けたいと思います」

そうやって長いインタビューを終えようとしたとき、吉田からまさかの逆質問を賜った。

「一言でしか述べることができないとすれば、秋田は?」

秋田でも子供からお年寄りにまで、全員に問いかけてみることだという。

「えっ、なんでしょう……やはり『徹底』でしょうか」

答えるこちらも、それ以外の語彙が思い浮かばない。吉田は満足気に笑った。

「いいと思います。徹底と継続から研ぎ澄まされた感性が生まれると思います」

徹底と継続。言うのは容易くても、実践するのは決して簡単ではないはずだ。だが、吉田はすっきりと言い切る。

「信念は理屈を絶対に覆します」

「昇格請負人」の仕事は終わらない

小林伸二

昇格請負人が抱いた予感

「最後かなと思ったんです。最後の仕事になるかなという予感がちょっとあったりして」

ショッキングな一言だった。

2019年、ギラヴァンツ北九州の監督兼スポーツダイレクターに就任した小林伸二に話を聞きに行ったときのことだ。1960年8月24日生まれの小林が、59歳になる年の夏だった。

2001年6月に石﨑信弘監督の後を受けてJ2・大分トリニータを率いたのが監督業のはじまり。その後はセレッソ大阪、モンテディオ山形、徳島ヴォルティス、清水エスパルスと各地のクラブでテクニカルエリアに立ってきた。驚くべきは、この20年にも及ぶ日々の中で監督業から離れていたのがわずか2年だけということだ。2007年にアビスパ福岡で「チーム統括グループ長」としてフロント業務に携わり、2018年は試合中継の解説を務める傍ら、いろいろなチームを視察に巡っていた。

現役プレーヤー以前の姿は知らない。長崎県は雲仙岳の懐に抱かれ海に面する国見町で生まれ育った、スポーツ万能の少年だったという。ボールを蹴る面白さに目覚めたのは小学生のとき、近所で開かれたサッカー教室で。その指導に来ていたのが、のちに長崎県立国見高校サッカー部を名門へと押し上げた小嶺忠敏氏で、当時はまだ島原商業高校の新人コーチだった。その後、小嶺先生にスカウトされるままに島原商でサッカーを教え込まれ、フォワードとして開花。１９７７年には長崎県勢初のインターハイ優勝を遂げた。大阪商業大学卒業後の１９８３年、現在のサンフレッチェ広島の前身にあたるマツダＳＣに入団すると、１９８７年にはハンス・オフト監督の下、天皇杯準優勝も経験している。

１９９０年に30歳にしてスパイクを脱ぎ、指導者の道へ。最初にコーチを務めたマツダのトップチームでは当時、森保一や風間八宏、片野坂知宏、そして小林と同じく小嶺チルドレンの高木琢也ら、現在は日本屈指の指導者となっている面々が、現役選手としてプレーしていた。１９９２年Ｊリーグ発足を機にサンフレッチェ広島へと生まれ変わったクラブで、アカデミー監督やスカウトの仕事に携わりながら１９９８年にＳ級ライセンスを取得した小林は、２０００年にはアビスパ福岡の、その翌年には大分トリニータのサテライトチームの監督を務める。

そんな下積み時代を含めて、育てたプレーヤーは数知れず。２００２年にはトリニータを、２００８年にはモンテディオを、２０１３年にはヴォルティスを、２０１６年にはエスパルスをと、過去に率いた5チームのうち4チームをＪ１昇格へと導いて、界隈では「昇格請負人」と呼ばれた。

あれは２０１０年の2月だったか。モンテディオの雲仙キャンプを取材に行ったとき、小林が横浜Ｆ・マリノスから期限付き移籍加入したばかりのキム・クナンを個人指導しているのを間近に見たことがある。ディフェンダー登録ながらマリノスではフォワードで起用されることの多かった韓国生まれの193センチで、そのときは対人守備時の体の向きの指導の真っ最中だった。その小林のアドバイスの微に入り細を穿つ徹底ぶりは執拗なほどで、傍で見ていて感銘を受けたのを覚えている。

とにかく細部まで力を抜かずに話すのでチームミーティングも長く、トイレ休憩が「普通にある」とは所属選手の証言。ヴォルティスではポルトガル語通訳の声が嗄れたという嘘のような笑い話もある。もちろん試合後の会見もそうだ。通常、監督会見の文字起こしは数百字から多くても1500字くらいに収めるものなのだが、モンテディオの担当記者が会見のすべてを文字起こししたら3000字超になることはザラで、さすがに5000字を超えたときには「監督も監督だが記者も記者だ」とセットで話題になった。

試合中継の解説者としての打ち合わせも当然、長くなる。とにかく徹底的に細かい。それはサッカーの真理に迫りたい欲であり、それを伝えたい思いの表れだ。本当に根っから、指導や分析が好きなのだと思う。

だからこそ、その言葉に驚いた。

「最後の仕事になるかなという予感が、ちょっとあったりして」

59歳とは、30年に及ぶ指導者人生の集大成を考える年齢なのだろうか。

無謀に思えた挑戦

スポーツダイレクターを兼任するというのも、不思議な気がした。監督業がいかに負荷の高い仕事であるかは知り尽くしているはずなのに、クラブ経営の実態を踏まえた上で幅広いチーム強化を目指すフロントの要職を同時に担うとなると、物理的な多忙さのみならず、すべての責任が自らにのしかかってくるということにもなる。

「はい。無謀だと思いますけど」

小林は頷いた。過去にも現場とフロントの兼任オファーを受けたことはあったが、そのたびに、それは難しいと断ってきた。今回は就任してみて実際に、それがハードルの高いチャレンジであることを実感しているという。

それでもそのやり方を選ぶ理由が、確固として小林の胸にはあった。

ギラヴァンツ北九州から監督就任のオファーを受けたとき、小林はクラブに条件を提示した。トップチームの最高責任者としてだけでなく、アカデミーも含めた強化を中心とするフロント業務、そこから派生してクラブ全体のクオリティーを高めていく仕事にも携わることが、その内容だ。

２０１８年のギラヴァンツはＪ２復帰の目標を掲げながらもシーズンを通してほぼ下位に低迷し、６月には森下仁之監督を解任して「闘将」の愛称で知られる柱谷哲二監督を招聘する大舵も振るったが、Ｊリーグで百戦錬磨の闘将の手腕をもってしてもチームを立て直せないまま、結局Ｊ３最下位でシーズンを終えた。

「もう、ここ自体がヤバかったですよ……」

と、当時ギラヴァンツに在籍していた選手の一人は声をひそめて嘆いた。シーズン終了後には、最終節の試合後に行われた守護神・山岸範宏の引退セレモニー中に何人かのチームメイトがベンチでふざけていたことでサポーターから苦情が寄せられ、クラブが公式に謝罪する失態まで演じた。

指揮官以下コーチ陣も強化育成本部長も去ったクラブの再生を懸けて、就任2年目を迎えようとする玉井行人社長（現・会長）に白羽の矢を立てられたときは、まさに荒れ野に連れてこられたような気分だったことだろう。茫漠としたクラブの現状を前に、それでも小林の目には、可能性が見えた。

「素材は揃っている。上手くやれば、このクラブはぐっと良くなる」

なによりも魅力的なのが北九州市が２０１７年に完成させた、Ｊ１開催基準を満たすミクニワールドスタジアム北九州。おそらく国内では唯一の、スタンドから海が見えるサッカー専用スタジアムだ。ごく稀にだが、ボールが観客席を越えて海にまですっ飛んでいくこともあり、そのハプニングはＪリーグファンのあいだで「海ポチャ」と呼ばれて、このスタジアムの名物（?）となっていた。九州の玄関口・小倉駅から徒歩7分。サッカー専用だからコンパクトで観客席とピッチが近く、ボールを蹴る音のみならず選手たちの息遣いまでが伝わってきそうだ。ここで面白いサッカーを見せられたらと、小林の心が動いた。

三菱化成黒崎サッカー部を前身に２００１年にニューウェーブ北九州としてスタートしたクラブは、九州リーグで優勝した２００７年に全国地域サッカーリーグ決勝大会で準優勝してＪＦＬへと昇格。２０１０年からは現在のチーム名に変更してＪ２に参入し、与那城ジョージ、三浦泰年、柱谷幸一と手練手管の指揮官たちに率いられながら、時折、浮上の兆しを見せてきた。２０１２年にはＪ２を9位で終え、新スタジアム建設の機運を高める。２０１４年には5位、その翌年は7位と上々だったが、好成績を残したかと思えば２０１３年には16位、２０１６年には最下位でＪ３降格と、なかなか長続きしない。

そんな流れも踏まえ、その要因を探りながら、小林は少しずつ青写真を描いていった。

現場とフロントを兼務する意味

もっと現場とフロントのコミュニケーションをスムーズかつ密にしなくてはならない。

それが小林がふたつのポジションを兼任した最大の理由だ。

悠長に構えている余裕はなかった。荒れ野になっているチームを整備し、また土台から築き直すにあたっては、やらなくてはならないことが山のようにある。

ギラヴァンツの事務所とクラブハウスは少し離れた場所にあり、それが現場とフロントとの連係に、さらなるラグを生んでいた。たとえば戦力の補強やトレーニング環境の整備に関しても、通常、トップチームの要望は強化責任者を通して経営陣に伝えられることが多い。それによって交渉にクッション性がもたらされることもあるかもしれないが、決裁までの段取りは増えるし、伝聞を重ねれば重ねるほど真意も伝わりづらくなる。そういった種類のもどかしさを、小林自身がこれまでのサッカー人生で、いやというほど経験していた。それなら自分が強化責任者を兼任し、最終決裁権を持つ社長と直接やりとりすれば、ロスは抑えられる。なにより自分を信頼して声をかけてくれた社長の思いに、直に応えることも出来る。

トップチームの強化と同時にアカデミーにも目を配れるという利点もあった。育成したいアカデミーの選手をトップチームに練習参加させるのも、自分が許可しさえすればいい。監督とスポーツダイレクターを兼任することで、効率的かつスピーディーに、整地は進んでいく。

そのプランニングはまるで、これまでに経験してきたチーム作りのノウハウを、クラブという組織、さらにはそれを取り巻く全体へと落とし込もうとしているようだった。

「僕はいろいろと整っているクラブではやっていないので。どこにでもいいところがあって、どこにでも足りないところがある」

足りないものを満たしていくためには先立つものが必要だ。地方のＪ３クラブでは、一気にすべてを整えるだけの体力はない。それならばまず、手を入れなくてはならないのはトップチームだ。クラブにとって最高のリソースであるトップチームが充実すれば、それにつられて周囲のクオリティーも高まっていく。小林はそれを、過去に在籍したさまざまなクラブで経験してきた。

「まずは身の丈に合わせてやりながら、伸びていったら少しずつ変えていくということでいい。クラブはフロントと現場の両輪だから、まず現場を変えられればクラブの半分が変わる。現場のほうをいい形で進めていけば、次のステップが変わっていくはず。そこから徐々に、人を増やしたり変えたりしていけばいい」

そういう考えの下に、小林はクラブの改革を進めていくことにした。

指揮1年目でJ2昇格を果たせるか否かは、最初に挑む大きな勝負だ。

「とにかくアベレージを6位くらいにしておくと、ひょっとしたらシーズン後半になってチームが化けるんじゃないか。そうすると次の年もよくなるんじゃないか」

というのが、小林が過去の経験からはじき出した胸算用だった。

就任を決めたときにはすでに、チーム編成もほぼ終わっていた。新しいチームを率いるときには、過去に指導した右腕的なプレーヤーを呼び寄せて、その選手を媒介に自らのサッカー観を浸透させていくのが、監督界では定石だ。だがその年、小林は自分の知っている選手をギラヴァンツに呼ぶことはしなかった。

「それは、ここにいる選手に向き合うためです。そのくらい心を入れて入っていかないと無理だなと思いました。緩いチームでそのまま行っても、余程の戦力を入れなくては昇格できないと、普通の指導者だったら考えます。でも、普通の考えで入ってもダメだ、と感じたんです」

地域とともに歩む再建のビジョン

九州のクラブということも、就任決断に至った要素の大きなひとつだ。

初めて現場の最高責任者となったのは大分。そこから大阪、山形、徳島、清水と各地のクラブで監督業を続け、そろそろＪリーグ監督にも世代交代の波が来ているのかな、と感じていたタイミングだった。深刻な状況に陥っているように見えるギラヴァンツの立て直しは大仕事に違いなかったが、自らのこれまでの経験のすべてを全力で注ぎ込むには、ある意味うってつけのミッションだと思えた。

長崎で生まれ育ち、大分で監督キャリアをスタートした小林にとっては「九州に帰ってくる」という感覚もあった。かつてサンフレッチェ広島でスカウトの仕事をしていた頃、町クラブに選手の視察に訪れていた地でもある。

海に面した新しいスタジアムが完成するまでは、ギラヴァンツのホームスタジアムは同じく北九州市立の本城陸上競技場だった。陸上トラックに隔てられたスタンドはメイン側にも申し訳程度の屋根があるのみで、雨が降れば選手たちとともに観客もずぶ濡れになる。電光掲示板はなく、選手名はボードに書かれてベンチ裏に並べられていた。なにより交通の便が悪く、アウェイからやってくるサポーターたちは何度も電車やバスを乗り継がなくてはならない。ギラヴァンツのJリーグ入りに際して設備は改修されたが、J1の開催基準を満たすには至らなかったため、新スタジアム建設に至ったのだった。

J1の試合開催を夢に描きつつ、想定外のJ3開幕戦で柿落としを迎えたこの魅力的なスタジアムで、どのようなサッカーを繰り広げようか。

ギラヴァンツは地域とともに成長していくクラブだという信念を掲げる玉井社長とそんな話し合いを繰り返しながら、小林は北九州という土地の歴史をあらためて知ることになる。

いまでこそ福岡県でいちばん大きな街は福岡市だが、玉井社長が幼い頃には最も栄えていたのは北九州地区で、県内のみならず九州最大の都市だったという。

まずそれを支えたのが鉄鋼業だった。炭鉱の町として栄えた筑豊地区に近い八幡に、官営の製鉄所が出来たのが1901年。現在の日本製鉄九州製鉄所の前身で、それを機に国内最大の鉄鋼供給地として工業化が進むと、八幡に牽引されるように近隣地区でもさまざまな工業が栄え、のちに四大工業地帯のひとつに数えられるようになった。八幡、小倉、戸畑、門司、若松の5つの市が合併して1963年に生まれたのが北九州市だ。

あの日産自動車も、ルーツを遡れば、日立金属（現・株式会社プロテリアル）の前身である戸畑鋳物株式会社へとたどり着く。現在は日本製鐵と名を変えた八幡製鉄があったからこそ、社会人野球やバレーボール、ラグビー、バスケットボール、そしてサッカーといった多彩なスポーツの文化が九州に広まったのだとも言える。

そんな成り立ちの北九州には、いまも製造業の会社やその工場が多い。かつては大気や水の汚染など、産業の興隆による公害問題も多く発生し、やがては〝鉄冷え〟という時代の波にも見舞われた。その中で、北九州の人たちはそのときどきの状況に対応し続けて生きてきた経験を持つ。ギラヴァンツのスポンサーの安川電機も、いまは産業用ロボットの製造で世界で大きなシェアを誇っているが、創業者は炭鉱事業で財を成した人だ。時代に応じて変化してきたということは、逆境をバネにして乗り越えてきたということでもある。

そういう歴史が育んできた文化は、サッカーという、ボールひとつを介して全世界に広まった庶民的なゲームとの親和性が高いように、小林には思えた。北九州地方の方言は他地域の人の耳にはキツく聞こえることもあり、２０１５年にはギラヴァンツのサポーターが横断幕やチャントで使用する「ぶちくらせ」という表現が問題視されて、14名のサポーターが試合会場への無期限出入り禁止処分を受けるといった問題も起きたが、荒っぽく見えても彼らは、好きなものにそそぐ愛情の深い人たちなのではないか。逆境に打ち克ってきた人たちは、チームが必死で闘う姿を見れば、認めてくれるかもしれない。そうやって愛されるチームになっていけそうな気がする。

そういえばフットボールが世界に広まったのはイギリスの産業革命の頃。シティとユナイテッドという2つのクラブが熱いダービーを繰り広げるマンチェスターも鉄の町だなと、小林は少しうれしくなった。

２０１９年1月1日、ギラヴァンツの公式サイトに掲載された新年の挨拶文の中で、玉井社長は表明する。

「小林氏とともに、日本の近代化を担った北九州の人々のひたむきで、たくましい気質、精神風土と響き合う独自のサッカースタイルを確立し、地域に根差した強いチームに変えていきます。

一見、遠回りのようですが、しっかりと地に足をつけ、チームを基盤づくりから再構築することは、着実にＪ２昇格への道のりと重なり合うと考えています」

こうしてこのシーズンを改革元年としたギラヴァンツの中長期計画がスタートした。

愛されるチームの輪郭

監督兼スポーツダイレクターに就任するにあたり、小林は玉井社長と一緒にメインスポンサーへの挨拶まわりに出向いた。監督業に専念していた頃には営業的な視点を持ってスポンサーたちと話をする機会も少なかったが、スポーツダイレクターという立場で向き合ってみると、スポンサーの声が大きなヒントになったりもした。

行く先々で求められたのは、最後までアグレッシブに戦い続けてほしいということだ。前年に下位に沈み続けたギラヴァンツを取り巻く人々は、這い上がっていくことに飢えているように感じられた。小林自身がサッカーを通じて子供の頃から教わってきたテクニックやフィジカルも、すべてはアグレッシブな戦いを表現するためのもので、そうやって培われた自分のサッカー観にも合致している。

支援を募る際にも、玉井社長と小林は堅実な姿勢を貫いた。

「昔はどんなクラブも優勝を目標にしていて、優勝、優勝と言っていたんですね。だけど最近は、世界的に見てもいろんなサッカーやいろんなクラブの考え方があって、みんながみんな優勝じゃなくていいじゃないかというふうになってきている。そうやって現実的なところの目標をクリアしながらクラブを成長させて、最終的に昇格とか優勝とかを目指していくのがいいと思うんです。そしてそれを、ギラヴァンツは地域の人や企業と一緒になって、成し遂げていきたい」

ひとつのリーグの中では、毎年のように残留争いを繰り返したり中位をうろうろしたりというランクのようなものがなんとなく生まれていて、それは資金面を含めたクラブの体力とも緩く比例している。小規模クラブが一気に上位へとジャンプアップするだけのものを調えることは、どうしても難しい。だからギラヴァンツは堅実に土台を固めながら、３年かけてＪ２復帰を目指していきたい。そういった考えも正直に開示して、簡単に好成績を約束しない二人の誠実さに、共鳴してくれる企業経営者も多かった。

好成績を上げることはもちろんだが、プロスポーツの最も本質的な存在意義は感動を与えることだと、小林は思っている。

「サッカーを知らない人にも見に来てもらおうと思ったときに、やっぱり有効なのはインパクトなんです。サッカーをよく知らなくても『一所懸命よく走るなあ』とか『うわあ、危ないんだけど壊れないのかな』とか、僕はそういうものだと思うんですよ。そういうところがスポーツの原点で、人に感動を与える。われわれはサッカーをやってるんだけど感動を与えられているのかなと思ったときに、強くなろうと思ったら最後まで諦めずに走るとか、闘い続けるとか。言葉で言えばそうですよね」

島原商業高校の小嶺忠敏監督にも、大阪商業大学の上田亮三郎監督にも、力を尽くして闘うことを教わった。マツダで出会ったハンス・オフト監督には最初はなかなか認めてもらえなかったが、フォワードの守備の重要性を叩き込まれて苦手だった課題に取り組み、指揮官の信頼を勝ち得た。そうやってプレーヤーとして積み上げてきたものが、30歳にして早くもスパイクを脱ぎ指導する側に回ってからも、小林のサッカー観の根底には確とある。

その脳内には「北九州の人たちに愛されるチーム」の輪郭が、くっきりと浮かび上がりつつあった。

昇格するチームの共通点

２００２年に大分トリニータ、２００８年にモンテディオ山形、２０１３年に徳島ヴォルティス、２０１６年に清水エスパルス。過去に率いた5チームのうち、すでにJ１だったセレッソ大阪を除く4チームで、小林はJ２からのJ１昇格を成し遂げている。

小林は「いま勝つためにチームに何が必要か」を見定めることに長けていた。目標から逆算して導き出したものを、いつも的確にかたちにしてきた印象だ。

初めてトップチームの最高責任者としてテクニカルエリアに立ったのが２００１年のトリニータ。J１初昇格を目指していたクラブが多額のチーム人件費を注ぎ込み、J１レベルのプレーヤーを多く集めながら、２シーズン連続、ギリギリのところで昇格を逃した翌年のことだ。そんなチームを5月に石﨑信弘監督から受け継いで、そのシーズンを6位で終えると、チーム人件費が縮小された２００２年に小林が手元に集めたのは、前年までとは一転、J２仕様のプレーヤーたちだった。当時のJ２はグラウンドなどの環境も未整備で、テクニックよりもフィジカルの強さを前面に押し出すチームが勝てる傾向にあった。そこでまず、点取り屋のアンドラジーニャ、ドリブラーのファビーニョ、センターバックのサンドロという、戦術のキーになる3人の外国籍選手を獲得し、あとは地味ながらJ２で実績を上げている日本人選手でその周りを固めた。フィジカルを重視するコーチも招聘し、そこで頑張れるプレーヤーをチョイスしていく。新人指揮官ながら闘えるチームを率いてJ1昇格を成し遂げた秘訣はそこだったと、小林は振り返った。

2008年にモンテディオを初のJ1昇格へと導いた後は、残留争いにも巻き込まれながら、徹底して相手のウィークポイントを突く戦法でピンチを乗り越えて、3シーズンにわたりモンテディオをJ1にとどまらせた。2013年のヴォルティスはJ2の4位でJ1昇格プレーオフに参戦し、準決勝で5位のジェフユナイテッド千葉に引き分けて勝ち上がると、決勝では粘り強い守備と鋭いカウンターで3位の京都サンガを2-0で下し昇格を遂げている。2016年の清水エスパルスでは鄭大世と大前元紀の強力な2トップに攻撃を牽引させて上位に絡み続け、1試合を残して松本山雅と順位を入れ替え得失点差で2位に浮上すると、最終節も勝利で逃げ切って自動昇格を達成した。

それぞれにシチュエーションやチームのタイプは異なるが、いずれのときも小林は、昇格という目標を遂げるために押さえるべきところを、ピンポイントで突いてきたように見える。

その共通点は「少なくとも勝点1を必ず取る」ということだった。

「昇格するには負けないチームであることが必要だったんですね。いまは勝てば勝点3、引き分ければ勝点1だけど、昔は勝点2と1だったから、余計に引き分けることは大事だった。負けるよりは引き分けをつないで勝ち残っていくというのが、いちばん強いチームだから」

そうやって〝昇格請負人〟が作ってきたチームはいずれも手堅く、全員が守備でハードワークして、カウンターで相手の一瞬のほころびを突くのを得意としていた。そういうゲームモデルの中で手持ちの駒のポテンシャルを最大限に引き出すのが、小林伸二の〝常勝術〟だと思っていた。

堅実な指揮官のスタイル転換

だが、２０１９年からのギラヴァンツは新鮮な驚きをもたらしてくれた。

どちらかと言えば守備からリズムを作る堅守速攻スタイル寄りだったこれまでのチームとは違って、攻撃を基準に作られたチームのように見える。守備では高い位置からプレッシャーをかけ、奪うとすぐに攻撃に切り替えた。積極的に縦パスを入れ、それを受けた選手がターンして前を向くと、布陣全体にスイッチが入ったようにテンポアップする。サイドの選手も絡みに走り、人数をかけて相手を押し込みながらゴールを目指した。そこで奪われればカウンターピンチになるリスクも高まるのだが、それを恐れずにチャレンジする姿勢がすがすがしい。ボールの流れとともにプレーヤーが本来持つアグレッシブさを引き出されているようで、選手たちもプレーそのものを楽しんでいるように感じられた。

手堅いチームを作るイメージの強かった小林だが、スリル満点のスタイル。そしてここでは短いスプリントの回数が増え、いわゆる「ハードワーク」の質もこれまでとは異なっているようだった。

その転換について、小林は言う。

「自分のスタイルはあるとしても、サッカーそのものが変わってきている中では自分のスタイルを変えていく必要もあるじゃないですか。それは経験そのもので行くわけではなく、いろんなソースを加えながら変化をもたらすという意味で、また新しい経験なんですよ。いまの選手の技量などを考えると、より攻撃的なサッカーをやったほうがいいのかなと。日本人のスキル的にはサイドハーフとトップ下にいい選手がたくさんいるんだけど、そこに守備のタスクを多く求めると、そこの選手は死ぬんですよね。それを過去に僕は何回もやらせてきた。守備もやらせてきたし、攻撃的な選手をなかなか使えないというのも感じていたし。そういう中で、こういうサッカーが出来ないかなと考えていたんです。ちょうどギラヴァンツは苦しんでいたので、思い切ってプレーさせられればいいなという思いもありました」

クラブもJ2復帰に向けては3年をかける構えだ。目先の結果にこだわって昇格を急ぐのではなく、クラブの体力向上と並行しながら、チームの土台固めをしていくことが許されている。まずはこれまで自身がやってきたことに新たな要素を取り入れようと、FC東京や浦和レッズのアカデミーやトップチームでの指導経験を持つ天野賢一をヘッドコーチとして迎え入れた。そういったスタイルを体現するプレーヤーを作るべく、旧知の村岡誠フィジカルコーチも招聘し、GPSで選手の心拍数や走行距離といったデータを管理しながら負荷の高いトレーニングを課した。

「自分は守備については安定して教えられるけど、それをもっと攻撃的にするためには、実はそういう人たちのソースを入れて、組織を作っているんですよ」

当時、小林はうれしそうに笑った。監督業20年という〝大御所〟ながら、築いてきたものに固執しようとは一切しない。欧州リーグのトレンドや、Jリーグで後進の若い監督たちがやっているサッカーを興味深く観察しては、疑問に思ったことがあれば周囲に積極的にアドバイスを求めた。

小林自身もそういった新鮮さに満ち満ちた中でスタートした2019年のJ3。最下位で終えた前年を払拭するかのように、開幕4連勝で首位に立つ好発進を見せた。4連勝のうち3試合で2得点、かつ3試合で無失点。もちろん、最初からスムーズに戦術浸透が進んだわけではない。初めのうちは選手たちが縦パスを入れることを怖がり、サイドに逃げる選択をすることも多かった。辛抱強く意識改革に取り組み、技術を向上させて少しずつクオリティーを高めていった末の表現だ。そして前線からのプレッシングは、前線の選手、特にサイドハーフがより攻撃で力を出せるようにという狙いにもつながっていた。

グラウンド外でも躍動する元ストライカー

だが、結果を出せば出すほど研究され対策されるのがサッカーの常だ。次第に多くのチームが、ギラヴァンツの攻撃を阻むために、動かないブロックでゴール前を固めるようになった。第15節からは5戦連続白星なしで、順位も後退する。勝ちきれなかった試合での失点は、いずれもサイドハーフの帰陣が遅れたことによるものだった。小林はその状態を打開すべく、起用するアタッカーによって崩しのバリエーションに変化をもたらすとともに、夏の移籍期間に3人の攻撃陣を補強する。当初はセンターバックの獲得も考えないではなかったが、そこで踏みとどまって、補強においても攻撃的姿勢を貫いたのだった。

すると第20節からは5連勝。中断期間明けの第21節以後は、夏の新戦力が見事に結果を残し、高橋大悟は後半戦14試合出場7得点、北川柊斗は11試合出場7得点。椿直起は負傷の影響もあって5試合出場無得点にとどまったが、期限付き移籍期間を延長した翌シーズン、攻撃のアクセントとして躍動することになる。第26節からは4連勝して第27節に再び首位に返り咲くと、第32節にカマタマーレ讃岐に4-0で勝利して2位以上を確定し、4シーズンぶりのJ2復帰を決めた。続く第33節のガイナーレ鳥取戦には引き分けたものの、2位の藤枝MYFCが敗れたため優勝が決定する。

前年に最下位で終わったチームが一転して優勝を遂げるのは、Jリーグ史上初の記録だ。そんな快挙を成し遂げた小林の、監督としての手腕はやはり揺るぎなかった。5連敗の流れを中断期間前最後の試合に勝利して断ち切り、いい雰囲気で中断期間を迎えて新戦力をフィットさせられたこともその後の復調につながったし、終盤に入ってまでも混戦状態だった上位争いの中で、勝てなかった間にはやや矛を収めるようなポジショニングでバランスを取っていたのを、もう一度サイドバックに高い位置を取らせて果敢に相手を押し込んでいく戦法でラストスパートをかけたのが痛快だった。シーズン中には選手たちとの距離感を緻密に測りながら、精神的なプレッシャーが過剰にかからないよう、チームでは共有していた「優勝」の2文字を、外部に目標として宣言することなく戦っていた。

それに加え、スポーツダイレクターを兼務して自らチーム強化に動けたことも、夏の補強を成功させ優勝へと導いた大きな要因になったと言える。監督として試合をこなしながら玉井社長と相談した上で代理人と移籍交渉するのはスケジュール的にもハードだったはずだが、その中で優れたサイドハーフ2人とストライカー1人の計3人をそれぞれのクラブから期限付き移籍で獲得するに至ったのは、兼務によるスピード感があったからこそだと、のちに小林は振り返った。その3人の新戦力が活躍したことは、小林の強化の仕事での慧眼（けいがん）を裏付けることにもなる。また、どういう考えがあってどういうプレーヤーが欲しいのかを説明する工程をひとつ省略することは、スピードアップだけでなく、伝聞にあたって生まれるわずかなイメージのズレも防いだ。現場が欲するとおりのプレーヤーの獲得とフロントが用意した手駒を最大限に生かす起用法が、同時に実現できたことになる。

コーチ陣の力を借りての攻撃的スタイルの構築も、フロントと現場のギャップの縮小も、優勝へとつながった一体感もすべて、小林が就任時に描いたプランが導き出したものだった。それは監督としての小林にとっても新たなチャレンジだった。

スポンサー回りをしながら自分の作るチーム像を模索していた頃には、こんなふうに言っていた。

「そういう声が聞こえてチームを作るということは、監督だけやっている状況であれば、まずないです。だからちょっと異常なプレッシャーを感じますよね。強化部長と二人でなく自分一人なので、自分が全面に出てしまう。有言実行みたいにはっきり言ったあとで、自分に立ち返ったりちょっと弱い自分が出たりすると、『あれ、言い過ぎたかな、これ出来るかな』と思ったりもします。でも強気で入っていく」

さすが元ストライカーらしい表現で自らを奮い立たせながら、選手たちに求める以上に自分自身もアグレッシブに挑み続けたのだった。

称賛と批判への向き合い方

2019年シーズン、ギラヴァンツのホームゲーム17試合の合計入場者数は、クラブ史上最多記録を更新した。

魅力的なサッカーで勝ち続けていれば、自然と観客が増えたりもする。その加速度に拍車をかけるように、小林はクラブ広報に力を注いだ。

「プロって、やっているもののすべてを電波に乗せて発信するからみんなが知ってくれるんですよね。それによって仕事が増える人も出てくるだろうし、それがプロだと思っている。勝敗含めて活動をメディアで伝えるということが、プロになっていくことだと思っていたから」

自らが現役プレーヤーとして、企業チームからJリーグというプロ化への変化を経験したからこそ、アマチュアチームとプロチームとの違いがわかる。それがカープというプロ野球チームのある広島の地だったことで、プロスポーツ文化の確立している野球との差異も、小林はしっかりと認知していた。

「監督になってからも、若い頃はそれほど広報の発信などに興味はなかったんだけど。だんだん周囲が見えてくると、結局、プロは知ってもらわなくては意味がないんだなと思うようになったんです。知ってもらうからこそ共感してもらえる。もちろん批判もあるだろうけど、それがプロだと思っているから」

そのために、クラブスタッフのクオリティー向上にも心を配った。もちろん自らも、取材に訪れる報道陣に対して全力で対応する。自らが決して手を抜かず細かいことまでもきちんと全うする、そんな小林の人間性に惹かれ、また玉井社長の牽引するクラブのフィロソフィーに共鳴して、いい人材が集まり、巷間に発信されるギラヴァンツの話題が増えた。

「最初は『あれ、元気いいぞ、ちょっと強くなりそうだぞ』というところからはじまって。そうやって人が集まってくれたり、結果が出てJ３で優勝したりして、『次はどうなるんだろう』というワクワク感と『えらい危ない試合するなあ』『それでも意外と勝ってきてるじゃん』みたいなところに進んでいっている。初めは途轍もなくヒヤヒヤで大変だとか言われていたのが、『まあでも一所懸命やってるからいいんじゃないですか』に変わってきましたからね」

スポンサーに挨拶に行った先での感触も、見る見る変わってきた。最初は頭を下げて名刺を差し出していたのが、次第に先方から「名刺ください」と言われるようになる。チームの結果が出ていないときには訪問するにも気が重いものだが、叱咤されるかと思いきや意外に「頑張れ」と前向きな言葉をかけられることが多かった。

「生まれた赤ちゃんがすぐに歩くわけないのと同じように、スポーツのチーム作りには時間がかかるわけですよ。建物だって土台がしっかりしていないところに建物だけぽんと持ってきたって崩れる、それと一緒。どこかがちょっと古くなったら新しいのに変えて、そうするとバランスが崩れたりするから、またバランスを整えて形にする。そこには時間がかかるということはわかっているし、早く進めれば、ひょっとしたら落ちるのも早いかもしれない。でもその繰り返しで少しずつ成長していけば、気づいたときにはチームはずいぶん高いところにあるだろう。情報を発信してもらうことによって、そういうことを感じてくれる人が増えてきている」

ギラヴァンツの新しいサッカーにつき合っていくうちに、実際、サポーターがチームを見守る力も養われているようだった。それはスタジアムでのワンプレーに対する観客の反応にもくっきりと表れる。

たとえ最初はなかなか上手くいかなくても、「こういうことをやろうとしているんだ」ということをしっかり伝えておけば、すぐに結果が出なくても人はついてくるものだ。

「勝てればいいけど、負けることもある。それが意外と思い切りがいいので結果がついてきたのかな。監督が世間の方々から言われることは『いいね』と『何やってんの』のふたつしかないんですよ。いつだって5割。勝っていたって、喜んでくれている人と、そのうち落ちるからと思ってる人が半分ずついる。何かにつけて文句言う人と、何かにつけて褒めてくれる人がいる。つねに半分ですからね、覚悟しておかなくちゃいけない仕事ですよね、残念ながら」

そう言って小林は大いに笑った。

激しく浮沈した3年計画の3年目

そうやってＪ２復帰を遂げた小林とギラヴァンツを、２０２０年、コロナ禍という未曾有のアクシデントが襲った。２月23日、ホームにアビスパ福岡を迎えての福岡ダービーで開幕したものの、直後からＪリーグは約４ヶ月間にわたる想定外の中断を余儀なくされる。当初は緊急事態宣言下で街の人通りも消え、チームは活動休止状態で、グラウンドに集まることも出来ない状態が続いた。

ようやくリーグ戦が再開したのは6月27日。第2節はＶ・ファーレン長崎戦で、今度は九州ダービーだったが、ギラヴァンツはダービー連敗でシーズンをスタートすることになった。

だが、編成段階から小林が自ら手がけたチームはその後、目の覚めるような快進撃を見せる。第7節からは9連勝し、第18節には首位浮上して3連勝。その破竹ぶりは、Ｊ3から昇格した勢いでそのままＪ1昇格してしまうのではないかとまで思われた。

リーグ中断を強いられたことによる過密日程が、フィジカル強化を重視していたギラヴァンツに有利に働いた向きもあったかもしれない。また、コロナ禍の下で採用された5人交代制も、小林は巧みに使いこなした。したたかに飲水タイムを利用して修正を施せた試合も多かった。先制されても逆転したり追いついたりというタフさが、このチームにはあった。

それが一転し、シーズン後半戦は苦しい試合が続く。前半戦ラストの第21節・水戸ホーリーホック戦に0-3で敗れると、それを起点に9戦未勝利。第35節からも5戦勝ちなしが続く。「異常なサッカーをするので異常に研究されたのも事実」と小林は表現した。前年のＪ3でもそうだったが、Ｊ2は日本屈指の戦術家の指揮官たちがあの手この手で勝点を奪い合う厳しいリーグだ。相手の長所を消すことに長けた監督も多い。結局、後半戦はわずか5勝にとどまり、それでも前半戦の貯金が生きて、シーズン最終順位は5位となった。ディサロ燦（あきら）シルヴァーノの

18得点を筆頭にリーグ4位の59得点をマークした攻撃力が、Ｊ３で積み上げてきた力を裏づけていた。「後半戦に尻上がりになっていればきっとＪ１に上がっていたと思う」と、過去の経験を踏まえて小林は少し悔しそうだった。

Ｊ１昇格を目指すと宣言して臨んだ２０２１年は、だが、勝てない試合が続いた。連敗スタートの第2節に最下位になると、その後は15位に浮上したのを最高に、下位に低迷。それもやむなしと思えるのは、前年のチーム得点王ディサロをはじめ町野修斗、加藤弘堅、福森健太といった主力を中心に11人が移籍し、前身のニューウェーブ時代からチームの顔を務めてきた池元友樹も引退して、あまりにも戦力が入れ替わり過ぎたからだ。想定以上の大量流出を受け急いで補強に動いた中、新たに獲得した選手も技量的には可能性を感じさせるメンバーではあったが、前年から続くコロナ禍でトレーニングが不十分だったりコンディション調整を失敗していたりして、いい時期があっても長続きしない。一度調子を崩すと持ち直させるのも難しかった。夏には福森と椿を呼び戻して立て直しを図ったが、攻撃では得点できず守備は失点を重ねる。

選手が大幅に入れ替わった中で戦い方を少し守備的にシフトすることも考えたが、そうするとさらにブレてチームがおかしくなってしまうのではないかという危惧もあった。シンプルに勝つための戦術をと考えても、それは本当に勝てる戦術なのか。そんな逡巡もありながら、プレシーズンには少しそういう戦い方も落とし込んだが、前年から在籍する選手たちは過去のイメージに囚われ、新戦力と上手く噛み合わない。

「車のパーツを変えると、そこはよくなるんだけど、バランスが悪くなって他のところが悪くなったりする。機械ですらそうなんだから生身の人間だったらもっと時間がかかるかもしれない。そういうことも含めて、チームを作るのには時間がかかるということなんですよ」

小林は何度も、噛み締めるように言った。マツダで初めてコーチになった頃、新戦力がフィットするまでのデータを集計したことがある。だから時間がかかるのはわかっていた。

「一回の試合だけではなく、トレーニングと試合は永遠に続くわけなので、なかなかいっぺんにスイッチを変えるようにはならないんですよね。怪我がちだったり試合に出ていなかったりする選手でも、それをわかった上で半年くらい時間をかければ変わっていくものもあるんだけど。このサッカーを作るのに2年かかった中で、少し急ぎ過ぎていた。馴染まなくて当たり前と思えば、アプローチの仕方も違ってくる。期待もあるんだけど、もっと膨らみを持って選手に接することが出来たと思う。でも余裕がなければそういうわけにはいかない。そういうところも含めて組織作りって難しいなと思いましたね」

コロナ禍により前年に降格制度がなかったことの皺寄せで、このシーズンの降格枠が4に増やされていたことも運が悪かった。第31節以降はJ3降格圏から浮上できないまま、第41節に19位以下が確定。J3の昇格圏にJ2ライセンスを持たないチームが入ってくれれば、最終順位によっては降格も免れるかもしれないという他力本願の望みもむなしく、最終節には小林の古巣であるモンテディオ山形に1－5で大敗し、得失点差で逆転されて21位でフィニッシュすることになった。

小林の監督兼スポーツダイレクター就任からの3年計画の3年目は、こうして終わりを告げる。

昇格請負人は監督復帰の夢を見るか？

19位以下が確定し、得失点差を考慮すればほぼJ3降格は避けられないという状況で迎えた第41節のホーム最終戦。栃木に2点を先行され1点を返すのが精一杯だったチームは、うなだれてホーム最終戦セレモニーに顔を並べた。

J3から3年でJ1に上げると期して臨みながら、3年後にはJ3に再降格させてしまった。おそらくスピーチが掻き消されるくらいのバッシングを受けるだろう、その中でどのくらいの時間を耐えることになるかなと、覚悟して小林はマイクの前に歩み出た。

だが、そんな小林を迎えたのは、サポーターからの温かい拍手だった。驚いて目を上げると、スタンドに掲げられた横断幕には「来年も現体制で」と大きく書かれている。

ああ、認めてもらえたんだ。

小林は悟った。現場だけでなく、クラブのことを、北九州の人たちが認めてくれている。そのフィロソフィーが少しずつ根付いてきていることを、敗戦の将となったそのとき、初めてゆっくりと実感した。

最近ではカテゴリー降格となっても引責辞任するばかりではなく、「もう1年クラブに残って責任を持って昇格させろ」と言われるケースも増えているが、小林は3年前、すでに3年後には天野ヘッドコーチへのバトンタッチを、内心でほぼ決めていた。それならいま自分が責任を負うとして、何が出来るか。このクラブの一員として、地域に根ざすクラブを、また一緒に目指していけるのではないか。

クラブ経営のほうも上向いている。就任1年目は赤字決算となったが、その後は黒字に転じた。スポンサー収入と入場料収入が増え、身の丈に合ったチーム編成で結果を出せたことの賜物だ。２０２1年は降格を避けるために資金を注ぎ込んで補強する選択肢も与えられていたのだが、「選手を入れさえすればいいというものでもない。サッカーはそういう手先のことで答えが出るものでもないので」と、小林は無謀な支出はしないと決断した。そういう経験を生かした観点からも、現場をサポートできるはずだ。天野新監督を支えるかたちで、選手の発掘や育成にも関わっていける。

そして２０２２年。小林はスポーツダイレクター専任となった。

監督という立場から離れた小林は「解放された感もあるけど、違った仕事はこれはこれで大変だなと思ってますよ」と笑顔を見せる。「これまでは極端すぎるようなことをやっていましたからね。いまは次々に試合に迫られる負荷も減ったし、全体が見えている感じです。アカデミーもしっかり見ることが出来るし、選手と指導者を同時に見られるのは面白いですね」

Ｊ２定着に向けての苦しいところを乗り越えられなかったことには、いまも悔いが残る。それはこれからスポーツダイレクターとして達成していきたい。

「僕はひとつだけ、Ｊ１で優勝できなかった。Ｊ３は北九州で優勝したし、ユースでもＪ３でもＪ２でも優勝した。タイトルを取っていないのはＪ１だけなんです。でもこれは、自分が取れなくてもチームが取れるようになればいいなと思っているんですよ。監督で取れなかったのを、チームで取れるようになればいいなというのが自分の夢。僕は現役を引退するまで、あるチームに絶対に勝てなかった。でも指導者になって、指導した選手が活躍してくれて、そのチームに勝った。そういう出会いってあると思うんです」

ギラヴァンツでＪ１優勝したら、その先にはアジア進出。アカデミーの拡充も進めたいと、意欲的に小林は語った。

「でも、もしもこのさき、監督としてオファーが届いたらどうします？」

それはどうしても訊いてみたかったことだ。30年もの間、現場に立ち続けてきた指導者・小林伸二が、グラウンドに立たずに我慢していられるのか。

だが、小林は「やらないですよ」と即答した。

「このクラブの形が見えるまでは、しばらくここでやります。そういうつもりで引き受けているので。オファーはありますよ、やっぱり。去年もあったけど、無理だと思っています。そういう生半可で出来る仕事ではないですから。ギラヴァンツを降格させた理由もわかっていて、整理しているので、そこにすぐにチャレンジするのもいまなら簡単だと思うんです。北九州を変える、強くする、ひとつの力に、自分がなれればとね。周りからは『1年くらいしたらまた現場でやるんでしょ』って言われるけれど、やらないから」

笑いながら、それでも真剣に、まずは目の前の仕事に専念すると小林は宣言した。

「でもスポーツダイレクターと言っても結局、現場じゃないですか。午前も午後もグラウンドに行って、アカデミーの練習も見て。フロントなんだけどバリバリの現場ですよ」

きっぱりと言い切る姿に、そうなのか、と少し寂しい思いで納得しかけたところで、最後に小林が言った。

「いままで率いるチームによっていろんな戦いをやってきて、つねにカテゴリーを上げるために考えてきたんだけど、ここに来て少しそういうところで変わってきたものがあるんですよね。この3年間の自分のサッカーもそこに当てはめていくと、また違った采配が出来るなとは思っています」

ここで監督復帰の可能性も匂わせるとは、まるでフォワードの動き直しのようではないか。

「でもまずは、ミクスタの〝海ポチャ〟で相手をほんわかさせて勝点を奪うところかな」

サポート役に回った名将ほど手強いものはないのかもしれない。

石の上にも25年

石崎信弘

「勝てなければワシがクビになればいいだけ」

好成績で終えてほっと胸を撫で下ろすシーズンがあれば、不本意な戦績に不甲斐なさを噛み締めるシーズンもある。コツコツと日々トレーニングを重ねてチームに哲学を落とし込む中で、次々に訪れる予期せぬアクシデント。どんな1年も順風満帆ということなどあり得ず、サッカー監督の日常は波乱と苦悩の連続だ。

悲惨な負け戦の直後にも中継画面に顔をさらしてインタビューに応えねばならない。憮然としていれば「負けたのはお前のせいだろう」と責められ、悔しさを押し殺せば「まるで他人事だ」と叱られる。戦績が振るわず詰め腹を切らされることも多々あり、勝てば持ち上げられ負ければ貶されて、世間の手のひらはめまぐるしく翻る。無数の評価が生み出す激しい渦の中心で、それが上昇気流になるようにと舵を取り続ける日々は、決して生やさしいものではない。

余程強靭なメンタルを備えていなくては務まらない仕事だと思うが、そのサッカー監督という仕事を、実に25年にもわたって休まず続けている男がいる。周囲からは「イシさん」、Jリーグファンの間では「ノブリン」と呼ばれて愛される1958年3月14日生まれ、石崎信弘だ。

初めて監督の職に就いたのは1995年。現在のモンテディオ山形の前身で当時JFL所属のNEC山形が、指揮官としての初めての戦場だった。そこから大分トリニータ、川崎フロンターレ、清水エスパルス、東京ヴェルディ、柏レイソル、コンサドーレ札幌、杭州緑城U-18、モンテディオ山形、テゲバジャーロ宮崎、藤枝ＭＹＦＣ、カターレ富山と、日本の津々浦々にとどまらず一度は中国のアカデミーにまで飛び出して、２０２３年シーズンからはＪ３・ヴァンラーレ八戸で指揮を執る。これで率いたチーム数はのべ13。Ｊ１から地域リーグまでの幅広いカテゴリーを網羅し、４度の昇格と２度の降格、３度のシーズン途中での解任を経験した。

解任されてもすぐに次のオファーが届く〝人気銘柄〟。そうやって石﨑は行く先々で数々の栄光と挫折を、選手やクラブ関係者やサポーターとともに味わい尽くしてきた。途轍もなくうれしい日もあれば途方もなく沈んだ日もある。それでも25年も続けていれば、多少の浮き沈みも肚を括って受け止める度量が培われるものなのか。

「同じことをやっていても上手くいかないときはある。『この内容でなんで勝てないんじゃろう』というときってあるよね。まあでも、勝てなければワシがクビになればいいだけの話じゃから」

生まれ故郷の広島訛り全開で、どんな苦境にあってもユーモアを交えつつ底抜けに明るい自然体。そんなところもＪリーグファンに広く愛される所以なのかもしれない。だいぶ昔からキャラが一貫しているので、25年にわたって見続けていても、いやむしろそれだけ継続して見続けているからなのか、ちっとも老け込む気配がない。ノブリンはずっとノブリンのままだ。

その百戦錬磨の経験の中でいまいちばん印象に残っている勝負はどれですか、と訊ねてみると、答えは意外にも即座に返ってきた。

「山形で昇格した年の、9月の水戸戦かな」

2014年9月6日、J2第30節。アウェイのケーズデンキスタジアムで、激しい肉弾戦を制し1−0で勝利した一戦だ。その日の采配がその年のJ1昇格プレーオフ優勝への布石になったのだと、石﨑は振り返る。

Jリーグ史に残る劇的な決勝点

2014年のJ1昇格プレーオフは、ひときわ強く記憶に残るものになった。

ぶっちぎりでJ2リーグ優勝した湘南ベルマーレとそれに続く松本山雅が自動昇格を決め、最終順位は3位からジェフユナイテッド千葉、ジュビロ磐田、ギラヴァンツ北九州、モンテディオ山形。5位のギラヴァンツは当時はJ1ライセンスを持たなかったため、プレーオフは3チームによる生き残り合戦となった。

石﨑の率いる6位・モンテディオは、まず準決勝で4位・ジュビロを下し、その後に3位・ジェフに勝たなくては、J1昇格を掴むことが出来ない。レギュレーション上では最も弱い立場だ。

ただし、ジュビロはシーズン終盤に調子を落とし、リーグ戦ラストは6戦白星なし。モンテディオとも2週間前に対戦して0−2で敗れている。秋以降に勝点を伸ばしたモンテディオのほうが、チーム状態はよかった。モンテディオ側の懸念点は、天皇杯準決勝・ジェフ戦から中3日という準備期間の短さだ。だが、3−2でジェフを下しての決勝進出も、モンテディオの勢いを加速させていた。

11月30日、直前の天皇杯から先発2選手のみを入れ替えて敵地ヤマハスタジアムに乗り込んだモンテディオは、ジュビロの積極的な攻撃を守護神・山岸範宏の好セーブでしのぎつつ、26分に先制に成功する。だが、前半終了間際に失点し、後半も相手の好機が続く中、エースストライカーのディエゴが負傷交代となった。同点のままではジュビロの勝ち抜けが決まってしまう。モンテディオに攻めさせまいと圧をかけ続けるジュビロ優勢の時間帯を耐えながら、石﨑は交代カードを切って反撃に出ようとするが、状況はなかなか変わらない。

1−1のまま90分が過ぎ、モンテディオの昇格争いもここまでかと思われたアディショナルタイムに、しかし、試合は劇的に展開した。90＋2分に獲得した右コーナーキック。石川竜也の放った弾道に飛び込んだのは、この試合で何度もファインセーブを繰り出しピンチを救ってきた守護神だった。最後のチャンスに懸けて攻め上がっていた山岸が頭で放った渾身のシュートは、ゴール左隅へと吸い込まれる。Jリーグで得点した7人目のゴールキーパーは、歓喜に沸くチームメイトたちに押し潰されながら、J1昇格への望みをつないだヒーローとなった。

立ちはだかるラスボスは、J1昇格プレーオフ導入後3年連続で参戦しているジェフだ。11日前に敗れた天皇杯のリベンジも胸に、〝3度目の正直〟を期してモンテディオを叩きに来た。

42試合もの長いリーグ戦の積み重ねでようやくたどり着くＪ１昇格プレーオフの、これが本当にラストチャンス。意識するなと言われても緊張を抑えることは難しい。互いに決定機を築き、ともに守備のミスもありながら、０‐０のまま試合は進んだ。

息詰まる攻防の中、先制したのはモンテディオだった。37分、宮阪政樹のコーナーキックが相手キーパーに掻き出されたところを、もう一度宮阪が拾ってクロス。少し角度のついた弾道に頭で合わせたのは、汗かき屋のフォワード、山﨑雅人だ。ボールは横っ跳びしたゴールキーパーの指先をかすめて、ゴールへと吸い込まれた。

ジェフにとっては痛恨の失点。なんとか引き分け以上に持ち込もうと追撃し、終盤にはパワープレーでゴールへと迫ったが、２つのビッグチャンスはいずれも山岸のファインセーブに阻まれる。激しいせめぎ合いが続く中、ついにネットが揺れることはないまま長いホイッスルが響き、その瞬間、モンテディオの４シーズンぶりのＪ１復帰が決まった。

チームの命運を分けた9月6日のゲーム

カテゴリーの入れ替えが決する一戦は、天国と地獄の分岐点。固唾を飲んで見守っていた全国のＪリーグファンを大いに白熱させた、Ｊ２の６位からの下克上だった。

石﨑にとっては柏レイソル、コンサドーレ札幌に続く３度目のＪ１昇格。ＪＦＬ時代以来、

16年ぶりに古巣の監督に就任して1年目の快挙だ。

モンテディオはその前年にもシーズン終盤までＪ1昇格の可能性をつなぎながら、1試合を残してその可能性を絶たれ、「来季こそ」と再挑戦を誓っていた。それまでの公益社団法人から「株式会社モンテディオ山形」へと経営形態も刷新してリスタートすると、歴戦の指揮官を現場の最高責任者に招聘する。杭州緑城U-18で指導に当たっていた「ノブリン」のＪリーグへの帰還は、長年Ｊリーグを見守っているファンたちの気持ちを昂らせた。

だが、その期待とは裏腹に、序盤の戦績は振るわなかった。負けたり引き分けたりしながら、3、4試合に1度白星を挙げるという繰り返し。第17節の栃木ＳＣ戦では統率された守備と流動的な攻撃で6-1と大勝してチームのポテンシャルを感じさせたが、連勝できず波に乗れないままシーズンを折り返すと、第22節からは3連敗。こんなはずではなかったとチームを取り巻く誰もが思いながら、シーズンの3分の2が過ぎていった。

だが、チームというものはきっかけを掴めば一気に変わる。このシーズンのモンテディオにとっては、それが9月6日の第30節、水戸ホーリーホック戦だった。

開幕以来、4-2-3-1のフォーメーションで戦ってきたモンテディオだったが、ここ最近は立て続けに、3バックシステムの相手に対して上手く守備がハマらない。この試合もそうだった。システムのミスマッチを突かれ、幅を取る相手にサイドで上回られて、押し込まれる時間が長くなる。そこで前半27分、石﨑は思い切ってフォワードの比嘉厚平をベンチに下げディフェンダーの小林亮を投入してシステムを3バックに変更すると、ミラーゲームへと持ち込んだ。

個々のマークを明確化したことでモンテディオの選手たちに迷いがなくなり、マンツーマンの相手に球際で勝てるようになる。モンテディオの守備の安定と同時にホーリーホックの攻撃の威力は削られ、戦況は一変。攻撃時に前線に絡む人数も増えてモンテディオが多く好機を築く中で、78分、ロングスローの流れから石川竜也の奪った1点が決勝点となった。

4バックのままで行くか、3バックに変えるか。悩ましいシーズンを戦いながら、石﨑はそのことをずっと考えていた。システムを変えれば起用する選手も変わることになる。あるいは3バックシステムのほうがハマる選手が多いのではないかと思いながら、トレーニングで組み合わせを模索し、変えるタイミングを図っていたところもあった。

結局、ホーリーホック戦の27分を境に、モンテディオの基本フォーメーションは3-4-2-1になった。それを確実に決定づけたのは、ホーリーホック戦から中3日で迎えた天皇杯4回戦のサガン鳥栖戦だ。リーグ戦に挟まれたカップ戦。石﨑はホーリーホック戦から5人のメンバーを入れ替えたが、その意図は連戦を見越したターンオーバーだけでなく、3バックシステムで戦うことを前提とした選手起用でもあった。これまでリーグ戦でチャンスを得られずに、トレーニングマッチで3バックシステムを試した際に出場していたメンバーをピックアップ。4バックのサイドバックとしては控えに甘んじていた山田拓巳とキム・ボムヨンを左右のウイングバックに配置し、たゆまず上下動できる彼らの走力を生かす。献身的に守備に奔走できる山﨑雅人を2シャドーの一角に置き、その相方には川西翔太を選んだ。

燻っていた「ひねくれ者」の変貌

実際にシステムを変更してみて、なにより石﨑を驚かせたのは、山﨑とともに1・5列目に並べられた川西の変貌ぶりだった。

「ディフェンスを全然しなかったヤツが、あのゲームではものすごく頑張ったんだよ。アイツ、ザキさんの言うことはよく聞くから」

青森山田高から大阪体育大を経てガンバ大阪でプロデビューした川西は、このシーズン、モンテディオに期限付き移籍していた。もともとはストライカーだが、足元のテクニックに長け、ひとたびボールを懐に入れるとちょっとやそっとのことでは相手に奪われない。ターンしたり切り返したりしてキープしながらじりじりとゴールに迫り決定機へと至る、独特のリズムを持つ。ただ、その卓抜した技術はコーチングスタッフを含め誰もが認めるところであるにもかかわらず、使いこなすのが難しいと敬遠されがちなプレーヤーでもあった。

石﨑も愛情を込めて当時の川西を振り返る。

「前に張っておけと言っても、どうしてもボールを受けに下がってきてしまうんだよね。サイドでプレーできるタイプでもないし、4－2－3－1でやってるときはディエゴがいたから翔太は試合に出られなかった。メンバーにさえ入っていなかったよ、アイツひねくれ者だからね」

ボールを収めて時間を作れるので、周囲の選手たちからは「困ったら翔太に渡せ」状態で頼られることが多い。川西を〝王様〟にしておけばそれなりの戦いは出来た。だが、一人のプレーヤーに依存する組織は脆さも孕むことになる。多くの指揮官が川西のポテンシャルに強く魅かれながら、組織の総合力を優先するためにそれを諦めてきた。

川西自身もそれは自覚していて、なんとかチームにフィットしようとするのだが、なかなかそれが上手くいかない。巧みな足捌きとは裏腹に、そういうところは恐ろしく不器用だった。むしろそれしか出来ないという風情で、どうにかして自らのスタイルをチームコンセプトに添わせようと時間をかけて苦心する。加えて極度に人見知りな性格が、誤解されやすいタイプでもあった。

そんな川西のことを、石崎はじっと見守っていたのだ。

午前中の全体練習が終わると、午後は若手のみのトレーニング。すでにプロ4年目の川西はその年齢からは外れていたのだが、グラウンドに行ってみると必ずそこには川西の姿があった。

「試合に出てもいないのに、なんでいるのかわからん」

そう笑いつつ、当時はほとんど口をきくこともなかった。ただ、見ているとどうやら高橋健二コーチとはよく話し込んでいるようだ。ガンバ大阪でもチームメイトだった山﨑雅人にも懐いている様子が見て取れる。高橋コーチと山﨑は川西に本音でぶつかり厳しいことも言える、チーム内でも数少ない存在だった。

その川西と山﨑を、石﨑は2シャドーに並べたのだ。

「全体練習でやるときは、試合に出ている選手がどうしてもメインになってしまう。でも若手のトレーニングでは、試合に絡めていない選手たちを中心にして、いろんなかたちでいろんなトレーニングをする。ベテランにやらせたら死んじゃうだろうくらいの、かなりキツいトレーニングだよ。そういう中で選手たちの特徴がよくわかっていったんだね」

山﨑が隣の川西を上手くコントロールすることで、川西はチームのために動けるようになり、その高い技術も組織に還元されるようになった。4-2-3-1ではトップ下に配置していたディエゴを山﨑と川西の前に置いた1トップ2シャドーが面白いようにハマる。控えに甘んじていたキム・ボムヨンや宮阪政樹らも活躍の機会を得て、その運動量や展開力を発揮しはじめた。これまでのリーグ戦で主力だったメンバーと天皇杯メンバーをシャッフルした布陣で調子を上げると、そこからは快進撃でJ1昇格。天皇杯決勝はガンバ大阪に3-1で敗れたが、クラブ史上初の準優勝は、輝かしく誇らしい戦績だった。

不器用な愛弟子との蜜月関係

石﨑によって2シャドーの一角で花開いた川西は、その後、チームを移って石﨑のもとから離れても、ずっと石﨑を慕い続けた。

劇的なJ1昇格の翌シーズン、川西を初めてボランチにコンバートしたのも石﨑だ。「アイツは能力が高くて、ディフェンスも出来るしフィジカルも強い。それでボランチにした。3－4－2－1の中盤をダイヤモンドっぽくして、その3枚の一角に翔太を使ったんだ」

モンテディオを離れ2017年からプレーした大分トリニータでも、川西はボランチで起用された。ただ、ボールの収まりがよくキープして時間を作ることは出来るのだが、動きすぎて布陣のバランスを崩してしまうという諸刃の剣でもある。当時のトリニータの戦術にはバランスが不可欠だったため、川西はピッチに立てば存在感を光らせながらなかなかレギュラーに定着できず、2019年にはFC岐阜へと移籍した。

2017年からテゲバジャーロ宮崎で指揮を執り、翌夏にそこを解任されてすぐに藤枝MYFCの監督になった石﨑は、テゲバジャーロではトリニータとの、藤枝では岐阜とのトレーニングマッチで、頻繁に川西に会い続けることになる。

「アイツ、練習試合のときいつもいるんだよ。ああ、やっぱり試合に絡めてないんだなと思って」

決してチームのやり方に逆らっているわけではないのに上手くフィットできない不器用な愛弟子を、石﨑はずっと気にかけていた。川西は川西で、グラウンドに石﨑の姿を見つけるとうれしそうに駆け寄ってくる。

「俺だって翔太と話すようになったのは2014年の9月以降、試合で使うようになってからなんだけどね」

と石﨑は笑った。ピッチ内外で自己表現が苦手で誤解されやすい川西だが、ひとたび心を許すと飼主にまとわりつく愛犬のようにリラックスし、忠誠心を発揮するのだ。

「ああ見えて義理堅いんだよね。あいつが岐阜にいた頃、藤枝に練習試合に来たときにはお土産を持ってきたりしてね。だから逆に岐阜で練習試合をするときには、ワシがお土産を持ってった。結婚式にも呼ばれたし。で、試合で見てると、やっぱり翔太は上手いんだよ」

2020年に岐阜に就任したゼムノビッチ・ズドラヴコ監督は、川西を中心としたチームを作った。それが川西にとっては奏功して全試合出場10得点、安間貴義監督体制となった翌年も26試合出場13得点でリーグ得点王と個人的には好成績を残したが、チームは2年連続でJ2昇格を逃す。

「岐阜ではセンターフォワードとシャドーをやって結果が出てたけど、翔太を中心に作っているとどうしても周りが翔太に合わせるチームになってしまう。でもアイツ、ワシのときにはしっかりチームの約束事を守っていたよ。ワシの言うことは聞くもん」

そう言ってちょっとうれしそうに笑っていた石﨑は、2022年、自らの率いるカターレ富山に川西を呼び寄せる。カターレでは川西をセンターフォワードとして全試合で先発起用し、川西もチーム最多の7得点を挙げてそれに応えた。そのシーズンも終盤に差し掛かった9月19日、当時の5位からJ2昇格争いを目指してもう一段階ギアを上げるためという理由で石﨑がカターレでの任を解かれるまで、2人の蜜月関係は続いたのだった。

悪童、見捨てるべからず

石﨑を慕う選手は川西の他にも多くいる。

「許容範囲が広いからかな。ワシ自身が根に持たない」

かつて率いたチームの中には、二日酔いでグラウンドに現れたり、どこで喧嘩してきたのか顔を腫らしていたりといった選手がいたこともあった。

「なかなか上手く自分を表現できなくて、試合で使ってもらえないと変な方向に行ってしまうんだね。でもそういう選手は大抵、能力が高い。サッカーが下手で性格がひねくれてたらプロではやっていけないけど、やっぱり長くプロでやっていけてるってことは、上手いってことなんだよね。だからもちろん彼らにはプロとしての姿勢について話はする。だけどワシが根に持つことはない。上手けりゃいいじゃん、ちゃんと練習してるんだからって」

卓抜した才能に恵まれながら埋もれている選手たちを、一度や二度の失敗で切り捨てることなく育ててきた過去がある。そういう選手たちはタイミングよくきっかけを掴めさえすればグンと伸びるのだと、石﨑は言った。

「チュンソンだって最初はひどかったんだよ。あれもひねくれてたからね」

懐かしそうに振り返るのは柏レイソルで出会った李忠成のことだ。２００４年にアカデミーからトップ昇格したＦＣ東京では出場機会を得られず、１年でレイソルに移籍。そのシーズンも8試合出場無得点にとどまっていたが、チームがＪ２に降格した２００６年、監督に就任した石﨑の下で、李は蕾（つぼみ）を開きはじめた。ターニングポイントとなったのは4月22日のＪ２第11節、函館市千代台公園陸上競技場で開催されたコンサドーレ札幌戦だ。９分にフッキの得点で先制され苦しいゲームを強いられていたレイソルだが、66分に李の挙げた同点弾を境に勢いを盛り返すと、終了間際に鈴木将太の追加点で逆転勝利をものにした。

「たまたまそれまで出ていた選手が出場停止か何かでいなくなったからメンバーに入れたんだよね。キーパーがボールを取ろうとしたところに頭から突っ込んでいった、それがチュンソンのＪ初ゴール。それからアイツはどんどん頭角を現していったんだ」

そのシーズンの李は31試合に出場して8得点をマークし、レイソルのＪ１復帰に貢献。翌年からのＪ１でも出場と得点を重ね、日の丸を背負うプレーヤーになった。

「最初はひどかったけどコツコツやって、あのヘディングシュートを決めてからグンと来たんだよ。それでみんなの信頼を得た」

他の多くの監督であればある程度のところで見切りをつけそうな選手に対しても、石崎は手厚い。いわゆる〝問題児〟に限らず、単にポジション争いの中で埋もれている才能を、何らかのきっかけを与えることで巧みに引き出していく。

その手法のひとつがポジションコンバートだった。過去に石崎の手によって主戦場を移され、新たな持ち場で開花した選手は多い。現在は指導者となっている山根巌も、1999年に大分トリニータで石崎と出会い、ボランチに配置されてボール奪取能力を磨かれた。山根はその後も、川崎フロンターレからレイソルへと石崎を追って移籍する。一時は現役引退を決めていたところから石崎に誘われて加入したレイソルでは、不動のボランチとして45試合に出場し、チームのJ1昇格を後押しした。

北海道コンサドーレ札幌でキャプテンを務める宮澤裕樹も、センターフォワードからボランチへとコンバートされた一人だ。中盤で出場を重ねながら試合展開によっては前線で起用された宮澤は、その後はセンターバックでもプレーするようになる。

「ワシ、能力の高い選手はどこでも出来ると思うんだよね。もともとアイツはセンターフォワードで年代別代表にも選ばれてたんだけど、チームではそのポジションには外国人選手が入ったりするから、どうしても控えになってしまう。でも宮澤はセンスがあるから使いたくてボランチに持っていったら、いまでもまだそこでやってるんだから、面白いよね」

宮澤がボランチに収まるのと同時に、西大伍はボランチから右サイドバックへと配置転換された。その後の西の鹿島アントラーズやヴィッセル神戸での活躍を導いたのはこのコンバートだったと言っても過言ではない。

何人もの選手をボランチへとコンバートした中で「いちばんハマった」と石﨑が振り返るのは、レイソルの心臓・大谷秀和だ。当初は左サイドバックでプレーしていたのだが、「ボール扱いもゲームを組み立てるのも上手い」とセンターに置かれ、ユーティリティー性を持つクレバーなゲームメーカーへと成長を遂げた。

「みんな若かったし、あんまり躊躇いなく『やってみい』いう感じでね。『ちょっとやってみいや』『ここのほうが試合に出やすいぞ』とポジションを変えると、ハマる選手が結構いる。もちろんハマらなかった事例もいっぱいあるけど、それならそんなもん、戻しゃいいだけの話だからね」

そうやって石﨑に背中を押され、選手たちもチャレンジする気持ちになってくるのだ。なにしろ「勝てなければワシがクビになればいいだけの話じゃから」と豪快に語る指揮官なのだから。

「イシさんの練習はキツくて長い」

と、石崎の下でプレーした選手たちは口を揃える。石崎は「監督になりたての頃は長くてキツかったけど、いまはだんだん優しくなってるよ」と主張するのだが、それでもなかなかの強度のようだ。前線からプレスをかけ中盤でしっかりとボールを奪うタイトな守備が特徴の石崎のスタイルは、それを乗り越えてこそ体現できるようになるのに違いない。

ただ、口では「キツい」と言いながら、選手たちはいつも楽しそうなのだ。

「ワシにジャンケンで勝ったら、走る距離を短くしてやろう」

そんなことを言う指揮官とのジャンケン勝負に挑み、トレーニングの負荷がちょっとだけ軽くなったりするうちに、いつの間にか結構な練習量をこなしている。

選手たちに要求するばかりではなく、石崎たちコーチ陣もリスクを負う。たとえばリフティング練習で選手全員がボールを落とさずにノルマをクリアすると、コーチ全員で罰ゲームを課せられるのがお約束だ。

「俺たちにバービーやらせたいなら1分間ボール落とすなよ！」

そんなふうにいつも、石崎のトレーニングはゲーム性を孕んで勝負と笑いに満ちている。そうやって日々を重ねながらチームとして培われるものがあり、「失敗したらやり直せばいいん何よりもうれしかった。

だから！」という指揮官の言葉を受けてのびのびとプレーできることが、選手たちにとっては何よりもうれしかった。

その中で石﨑は、山根巌や李忠成、川西翔太といった選手たちと出会い、なかなか理解されづらかった彼らの隠れたポテンシャルを引き出してきたのだ。

もちろん、つらい出来事もあった。柏レイソルで丁寧に指導したにもかかわらず、警察沙汰を起こして自らのサッカー生命を絶つことになった選手のことを「本当にもったいない」と、いまでも残念がる。テゲバジャーロ宮崎で手塩にかけてチームの主軸にまで育てＪＦＬ昇格の原動力となった選手も、いざ、さらなる上を目指そうというときに、過去の過ちの影響でサッカー界を去ることになった。あまりに唐突に中心選手を失ったチームはその穴を埋めきれず、折角昇格したＪＦＬでほとんど勝てずに、石﨑も6月に任を解かれた。

そういうことが起きるのは、他の監督だったらさっさと見切りをつけるような選手にも真っ向から向き合い、愛情を注ぐ石﨑だからこそなのだろう。

「そういう変わったヤツがいいんだよね」

と石﨑は笑う。「そういうヤツらが、サッカーで1回は日の目を見た。ワシの中では『こいつはいい選手だ』と思えたから、いまこうして笑って話せる。彼らがコツコツやっていれば、もっといい選手になっていたと思う」

人生には酸いも甘いもあり、きれいごとでは済ませられない現実もある。そんな清濁を併せ呑むことの出来る指揮官だったから、種のまま腐ることなく花開いた才能があったのだ。

２０２２年9月19日、石﨑は自身5度目の昇格を目指して指揮を執っていたカターレ富山を、志半ばにして解任された。一報を受けたときには無念だろうなとも思ったが、ノブリンのことだからちょっと落ち込みながらそれを受け入れて、また新天地からのオファーが届くのを待つだろうという一種の信頼感もあった。そしてその予想どおり、約２ヶ月後の11月26日には、翌シーズンからヴァンラーレ八戸で指揮を執ることが発表される。

カターレを率いていたときに「今後も末長く現場に立ち続けていただきたいです」と伝えると「まだまだ埋もれている選手がいるかもわからんからね。ワシを必要としている選手がどっかに落ちとるかもしれん」と石﨑は笑った。

「サッカーが上手かどうかだよね。サッカー下手だったらどうしようもないから。ただ、下手だったのにコツコツやって花開いてるヤツもいるから、これぱっかりは一概には言えない。最初は『なんだよこれ』って思っていたのが、実直に努力を実らせた石川直樹みたいなのもいるしね」

新進気鋭の指揮官たちが次々に登場してくる中で、率いたチーム以外のファンやサポーターにも愛されるノブリンの大容量の懐は、替えのきくものではない。そう思いながら話を聞いていると、石﨑はインタビューの最後にｚｏｏｍ画面に手と口を寄せて、笑いながら耳打ちするように言った。

「最後、バズがコーナーのこぼれからクロスを入れてザキさんが決めた、モンテディオが昇格したときのゴールね。大きな声じゃ言えないけど、あれオフサイドだよ！」

カメノサカの恩返し

片野坂知宏

初めての挫折

その日、片野坂知宏は満を持して国立競技場のテクニカルエリアへと向かった。

ピッチ全面を覆う幕に「頂上決戦」という筆文字が踊る。新型コロナウイルス禍による入場制限が緩められた中、決戦の行方を見届けようと5万7千人余の観客が詰めかけたスタンドを染めるのは青対赤のコレオグラフィーだ。片野坂はその青いほうを、じっと見つめた。

日本サッカー最高峰のタイトル「天皇杯」を懸けて決勝戦に挑むいま、目指すべきものはただひとつ。そしてこの一戦は、6シーズンにわたり手塩をかけて育ててきたチームでの、片野坂にとってのラストゲームだった。

これを限りにチームを去る自分のために花道を飾りたいと考えているわけではない。チームを取り巻くすべての人たちと戴冠の歓喜を分かちあい、最後に恩返しを果たしたい。その一心が、指揮官を勝利へと突き動かしていた。

およそ1ヶ月前、片野坂が率いる大分トリニータはJ1リーグ残留争いの生き残りに失敗し、来季はJ2リーグへと降格することが決まった。シーズン序盤から思うように勝点を積み上げられず、終盤になるまで戦い方を定めることも出来ずに、リーグ戦2試合を残した状態で突きつけられた、厳しく不本意な結末。就任当初はJ3にいたチームを3年でJ1にまで昇格させるという大仕事を成し遂げ、そのJ1で戦って3シーズン目のことだ。サッカー監督として順調に好戦績を重ねてきた男が初めて味わう挫折だった。

降格決定から6日後、その責任を取るかたちで、片野坂はこのシーズンかぎりでの退任を発表した。その翌日はホーム最終戦で、試合後のセレモニーで直接、ファンやサポーターに謝罪するつもりだった。

その日の試合には勝ったが、スピーチのためマイクの前に立った指揮官の顔は青ざめていた。サポーターからどれだけ謗（そし）られ罵られても仕方のない状況で、それが当然だと覚悟してもいたが、自分の不甲斐なさがただただ申し訳なく、いたたまれなかった。

「今シーズン、目標を達成できず、みなさまには大変悔しく残念で厳しいシーズンになったと思います。それはもう、わたしの責任であります。この場を借りて、お詫び申し上げます。本当にすみませんでした」

震える足を踏ん張って言葉を絞り出し深く頭を下げたところで、とうとう堪えきれずに涙があふれ出た。だが、このときスタンドからは予想外にも、片野坂をあたたかく励ますような拍手が湧き起こる。憔悴しきった男の姿をしんと見守っていたサポーターたちがコロナ禍により声を出すことが禁じられていなかったなら、おそらくたくさんの「頑張れ」や「監督だけのせいじゃないぞ」という言葉が発せられていたはずだ。その空気感が余計に片野坂の涙腺を崩壊させた。

最後にスタジアムを一周して別れを告げるときにも、サポーターからの拍手は鳴り止まない。

涙を拭って目を上げれば「6年間ありがとう」のメッセージ、そして泣きながら懸命に手を振る人たちの姿が見える。

「どうして……どんなに罵倒されてもいいはずなのに……」

セレモニー後の記者会見でそのことを振り返るときには、またも堪えきれずに泣きじゃくった。

おそらく、サポーターたちは片野坂がこの6年間、いかに渾身でチームのために力を尽くしてきたかをわかっているのだ。

だからこそ、そんな人たちの思いに応えるために、片野坂は最後まで勝ちに行かなくてはならなかった。そのチャンスは少なくともあと2試合、残っている。

ホームでの最終戦を終え深く長い一礼をして慣れ親しんだスタジアムを去った1週間後。アウェイで行われたリーグ最終節・柏レイソル戦で、トリニータは「これぞ俺たちの築いてきたサッカーだ」と高らかに誇示するばかりの好ゲームを演じ勝ち星を挙げる。さらにその1週間後に臨んだ天皇杯準決勝では、手に汗握るスリリングなゲームの末に、前年のチャンピオンチーム・川崎フロンターレを下して勝ち上がった。そこで負ければそれがこのシーズンの終着点だったのだが、チームはもう一試合、戦いの機会を増やす。

苦しみ足掻き続けてJ2に降格したチームが最後に意地を見せるように這い上がった、決勝の舞台。勝とうが負けようが、今度こそ正真正銘のラストゲームだ。クラブにとっても当面、

Ｊ１チームとしての最後の戦いになる。そこで爪痕を残すことは、自分たちの存在意義を証明することそのものだと、片野坂は考えていた。

２０２１年12月19日、第１０１回全日本サッカー選手権大会決勝。

片野坂は愛するトリニータを率い、強豪・浦和レッドダイヤモンズとの頂上決戦に挑んだ。

恩返しという名の使命

２０１５年晩秋、トリニータからの監督就任オファーを前に、片野坂は逡巡していた。

当時、トリニータはＪ２で激しい残留争いの真っ最中。外から見ているかぎり戦力は十分に揃っており、現在の順位が妥当とは思えない。だが、どんなに戦力が充実していても、ひとたびボタンを掛け違えれば何が起きるかわからないのがチームというものだ。おそらくいまのトリニータもそんな状態なのだろう。ここでＪ２に踏みとどまれるか、それともＪ３に転落してしまうか。その瀬戸際を、チームは危なっかしく揺れ動いているようだった。

この時点ですでに、片野坂は当時トップチームのヘッドコーチを務めていたガンバ大阪で、来季発足するU－23チームの監督への就任が内定していた。ガンバと言えばＪリーグ屈指のビッグクラブ。ビッグスポンサーの支援をバックに潤沢な予算に恵まれ、外国籍選手や日本代表級のプレーヤーも多く擁して、毎年のようにＪ１の上位争いに食い込んでいる。実際に片野坂もコーチやヘッドコーチとして、リーグ戦やカップ戦でいくつものタイトルを獲得してきた。U－23監督として好結果を残せば、自ずといずれトップチーム監督への道も拓けてくる。とはいえU－23チーム。いくら監督とは言ってもトップチームの戦術を踏襲することになる。この2年間、ヘッドコーチとして支えてきた長谷川健太監督のことは敬愛してやまないが、指導者としての道を歩みはじめてちょうど10年、自分の中にも確固たるサッカー哲学が輪郭を成しつつあると、片野坂は感じていた。

2007年から3シーズンはガンバでサテライトチームの監督を兼任しながら、コーチとして西野朗監督に。2010年に移籍したサンフレッチェ広島では、やはりコーチとして最初の2シーズンをミハイロ・ペトロヴィッチ監督に、もう2シーズンを森保一監督に。再び戻ったガンバでの長谷川監督の右腕としての仕事も含め、4人の名将から学び自らの中で咀嚼したものが、徐々に吸収され血肉になってきた体感がある。

トリニータに行けば完全にチームを任され、自らの判断に基づいて、その哲学を思う存分ぶつけることが出来る。その魅力は、なんとも抗い難いものに感じられた。

一方で、もしもチームがJ3に降格すれば、来季は絶対に1年でのJ2復帰をノルマとして課せられるはずだ。そのノルマを達成できなかったときのことを想像すると、やはり体がすくむ。どのような戦力が揃うかの見通しも立たない状況でそれを引き受けることは、あまりにリスキーだった。

迷いながら見ていると、完全に負のスパイラルにハマっているトリニータは無残に敗れ続ける。

これは僕の知っているトリニータではない、と片野坂は胸を痛めた。

かつては片野坂自身、トリニータの選手としてピッチに立った時期がある。初めて移籍加入した2000年は石崎信弘監督の下、キャプテンを務めながら公式戦6試合に出たのみで8月にガンバへと移籍してしまったが、2002年のベガルタ仙台での1シーズンも経て、2003年、もう一度トリニータに戻った。怪我もあって出場したのは11試合のみだったが、小林伸二監督からも厚い信頼を得る。そのシーズンかぎりで現役を引退してからはクラブに残り、最初の2年間は強化部スカウトとして働いた。3年目にU-15のコーチになったのが、片野坂の指導者人生のスタートラインだ。その年のうちに早速、S級ライセンスを取得。指導者になりたてでこれは異例の早さで、クラブからの期待の大きさも感じられたのだが、その翌年、片野坂はトップチームのコーチにステップアップするかたちでガンバへと籍を移したのだった。

S級ライセンスを取らせてもらった恩義をいまだ返さずにいることも、ずっと気がかりでいた。いま、ボロボロになっているトリニータを立て直しに行くことは、自分の使命なのではないか。

深い逡巡の果てに、片野坂は来季のカテゴリーがJ2とJ3のどちらになってでも、監督就任のオファーを受けようと決意を固めた。

２０１5年のＪ2リーグを4連敗フィニッシュして21位となったトリニータは町田ゼルビアとのＪ２・Ｊ３入れ替え戦に臨むと、片野坂が息を詰めて見守る中、アウェイでもホームでも敢えなく敗れ、力尽きたようにＪ３へと転がり落ちた。

Ｊ１経験クラブの中でＪリーグ史上初めて、Ｊ３で戦うことになったトリニータ。それをもう一度、かつてのようにＪ１で戦えるところまで引き上げようと、片野坂は自らに固く誓った。

有能なる新人指揮官の船出

「古巣の危機を救いに来ました。いまこそ恩返しをするときだと思っています」

２０１6年1月、新体制発表会見で就任の挨拶をしたときのことは、いまでもはっきりと思い出せる。

ガンバが天皇杯を決勝まで勝ち上がったためトリニータ監督就任の発表がずれ込み、新指揮官内定の噂ばかりが広まる中でファンやサポーターがやきもきしていたぶん、発表時の反響は大きかった。

Ｊ１では残留争いを繰り返し、2度のＪ2降格を経験したトリニータのサポーターたちにとっても、Ｊ３降格という初めての事態はディープインパクト。当時の社長と監督が退任して先が見えず、予算規模縮小や戦力流出の様相に脅え、おそらく何人もの候補者から指揮官就任を断られたに違いないともっともらしい憶測も飛び交う中で、ただ祈るようにそのときを待っていたのだ。

ガンバやサンフレッチェでコーチとして在籍したシーズンに多くのタイトルを獲得していることで、Ｊリーグファンの間では「片野坂有能説」が広まっている。そこにすべての希望を託す勢いで歓迎してくれるトリニータサポーターたちを前に、初めて自分のチームを持つ新人指揮官は、身を引き締めた。

あの日から6年。

初陣での勝利は忘れない。開幕はホームでのＡＣ長野パルセイロ戦だった。

Ｊ３に降格したことでサポーターも激減すると危惧されていたのだが、初めて監督として立ったスタジアムのゴール裏スタンドは予想外に、一面の青色に染められていた。片野坂の「いまこそ恩返しをするとき」という言葉に呼応するように、サポーターたちも「Ｊ３に落ちたいまだからこそ、いっそう応援するときだ」という心意気を見せてくれたのだ。

そんなサポーターたちの前での、初めての指揮。プレシーズンから落とし込んできた「相手の背後を突いてボールをつなぎながらゴールへと迫ろう」という狙いは、まずまず体現できていたはずだ。いまから思えば全然スムーズでも華麗でもなかったし得点も1点のみだったが、駆けつけてくれたファンやサポーターたちに監督として初めて勝点3をプレゼントできたことが、想像していた以上に大きな歓喜となってテンションが上がった。

「本当は飛び上がって喜びたいほどうれしいのですが、一応監督なので、冷静に話すようにしています」

そう正直に述べて報道陣に笑われた初めての記者会見のことも、若かったな、と思い返される。

だが、3連勝で順調なスタートを切ったかに思われた後、4戦白星なしが続いた。ともにJ3降格しJ2昇格争いの最大のライバルとなるであろう栃木SCに敗れたことも痛恨だった。

クラブが初めて足を踏み入れた3部リーグ。片野坂自身にとっても、それまで大都市圏のビッグクラブでコーチやヘッドコーチとして過ごしてきたJ1とは何もかもが違う、予算規模の小さな地方クラブでのJ3だ。当時のJ3は環境面の整備も進んでおらず、テレビでの試合中継やインターネットでの配信もなかった。中学生の大会で使われるかのような競技場が会場になることもあり、真夏でも日中キックオフというスケジュール。とてもプロ仕様とは呼べないロッカールームに座り込み、選手たちもスマホでJ1の試合中継を見ながら悔しそうな顔をしている。これまでJ1で指導してきた選手たちとJ3の選手たちとの間には、基礎技術やプレー強度や判断力といったクオリティー面でのギャップも感じた。だが、片野坂はそのスペックを比べることはせず、個々を鍛えてレベルアップさせながら、あくまでも手持ちの戦力でいかに勝つかだけを考え続けた。

開幕前にはぶっちぎりの優勝候補とみなされていたが、一時は10位にまで順位を落とし、1

年でのJ2復帰目標に暗雲が立ち込めた。ほぼ時を同じくしてライバルの栃木は一気に調子を上げると夏場に10連勝。しかもその10勝目が第19節のトリニータ戦で、スコアレスドローで終わりそうだった90＋5分にセットプレーから挙げた1点で勝点のすべてを持ち去った試合だったのだから、トリニータにとってはなんとも屈辱的な話だ。

その精神的ダメージもさることながら、リーグ戦残り11試合にして首位を独走する栃木に勝点9差と離されたことが、痛恨の極みだった。試合数の少ないJ3では一試合ごとの勝点の重みもそのぶん大きい。

「なんだよ。期待してたけど駄目じゃん片野坂」

「監督じゃなくてコーチとして有能なだけだったってことじゃね？」

一部のサポーターたちの間ではじわじわと疑念の声が上がりはじめた。

「さっさと見切りをつけて違う監督を連れてこないと1年でJ2復帰できなくなる」

そんなことを言われる状況までに、新人指揮官は追い詰められていた。

ブレた采配、ブレなかったサッカー観

上のカテゴリーでも戦える力を十分に養った上でJ2に昇格させたいというのが片野坂の考えで、クラブからの求めでもあった。だが、自らの思い描くスタイルの完成度が高まる前に

Ｊ２復帰に黄信号が灯りそうな状況に陥り、指揮官は決断を迫られる。なによりもいま優先しなくてはならないのは、１年でＪ２に復帰することだ。自分の理想を追い求めるのは、それを達成してからでも遅くない。

栃木に敗れた次の試合、第20節の福島ユナイテッドＦＣ戦から、片野坂は起用選手を入れ替えて守備を強化した。リスクを負う割合を低くし、泥臭くとも手堅く勝点を拾える戦法へとシフトする。

それが功を奏して、その試合から３連勝。ハイペースで勝点を積み、首位の栃木を追走した。すると今度は反比例するように栃木が失速。勝点差は徐々に縮まり、トリニータにも希望の光が見えはじめる。

そんな矢先の第25節。第１節にホームで勝利したパルセイロとのアウェイ戦を、片野坂は決して忘れない。パルセイロもシーズンを通して上位に食い込み続け、昇格候補のひとつに挙げられながら、栃木とトリニータの進撃にやや遅れを取っていた状況での直接対決だった。

ここで勝てばＪ２昇格の可能性をぐっと引き寄せることが出来る。必勝を期して挑んだが、試合は序盤から相手ペースで、もどかしい展開となった。後半開始早々に豪快なミドルシュートを叩き込まれると、上り調子だったチームは５試合ぶりの失点に動揺の色を見せる。最初の選手交代でやや勢いを盛り返し、次の交代でシステム変更して追撃するが、ゴールに迫るまでの気配は生まれない。

83分、片野坂は決死のパワープレーに出た。ボランチの一人をベンチに下げて長身フォワードを投入すると、ブラジル人センターバックも前線に上げて、ひたすらゴール前へとボールを放り込む。だが、焦る選手たちは飛んできたボールしか目に入らずに味方同士でぶつかり合い、そのこぼれ球を拾いにも行けない。リードしてなお攻め続けるパルセイロに対応するために守備にも戻らねばならず、何も出来ないまま時間は刻々と過ぎていく。ラストプレーとなるコーナーキックではゴールキーパーまで加えて最後の一発に懸けたが、すべては空振りのままに終わった。

迫りつつあった栃木との勝点差はまたも開き、昇格争いから脱落しかけていたパルセイロや鹿児島ユナイテッドFCにもチャンスを与えることになった、手痛い黒星。試合後のゴール裏サポーターたちからは「昇格する気ないのかよ！」「どういう状況かわかってんのか！」と、厳しい怒号が飛んだ。

片野坂は自らの采配を悔み、ロッカールームで選手たちに謝罪した。

「完全に俺の采配ミスだ。自分たちらしい戦いがまったく出来なかった」

選手たちは選手たちで失点して焦ってしまったことを「プロっぽくなかった」と省み、監督のせいではないと口々に言ってくれたが、常日頃から「トリニータらしいサッカーをしよう」と選手たちに言い続けているだけに、自らの選択がその「らしさ」を損なってしまったことに、後悔の念しか湧かなかった。

もしもあそこで自分が焦ってパワープレーなど選ばずに、これまでやってきたことを信じ丁寧にパスをつないで崩そうとしていれば、あるいはゴールをこじ開けることも出来ていたかもしれない。ただ選手の長身を頼みに無策にボールを放り込んだとて、それは偶発的な事故が起きることに期待しているようなものだ。実際、あの終盤にも、相手を追い込んでいる感触はまるで得られなかった。

はたから見ればそれも結果論で、実際にサッカーの現場ではそういう〝事故〟が試合を左右しているケースもままあるのだが、なにがなんでもＪ２復帰を成し遂げなくてはならない現在、そんな不確定なものを頼っている余裕など、あってはならない。

この一戦の経験を境に、片野坂の采配は緻密さを増した。もともとロジカルな指揮官は大味なゲームを好まないところがあったが、試合の流れの傾き具合やそこで生じている相手とのパワーバランス、そして攻守の比重などに、ますます細やかに神経を行き渡らせるようになった。その後、片野坂の築いた独特のサッカースタイルは多彩な変遷をたどって完成形を目指すことになるが、最後まで強固にブレなかったのは、この「バランス」へのこだわりだったかもしれない。

そしてカメになる

長いホイッスルを聞いた瞬間、片野坂の全身から力が抜けた。思わず感極まってテクニカルエリアに突っ伏し、肩を震わせて号泣する。古巣に恩返しをすると意気込んで監督就任の決断に踏み切ったものの、クラブとかわした「1年でのJ2復帰」という約束は、覚悟していた以上に重圧を感じるミッションだった。

２０１６年11月20日、とりぎんバードスタジアムで開催されたJ3最終節。トリニータはガイナーレ鳥取に4-2で勝利してこのシーズンのJ3優勝を決め、指揮官はクラブとの最初の約束を果たした。

第25節でパルセイロに痛恨の勝点3献上をやらかした後も、波瀾の連続だった。第26節のグルージャ盛岡戦では、負傷や代表活動でメンバーを欠く中、これまで好調だった4バックシステムを3バックシステムに変更して戦い、難敵を下した。第27節のブラウブリッツ秋田戦では前半の終わり間際に退場者が出て、その後はこれでもかとばかりに相手が前線に送ってくるボールを10人でひたすら跳ね返し虎の子の1点を守り切る。第28節のガンバ大阪U-23戦は、接触プレーで救急車がピッチに入ることになり20分間にわたって試合が中断するというアクシデントも乗り越えて勝利。第29節のY．S．C．C．横浜戦は、現役引退を発表したクラブレジェンド選手の花道を作るためにと選手たちが一丸となって大量リードを目指した結果、圧勝。

まさに怒涛のような捲り上げを見せるチームに、シーズン途中には「1年でJ2に戻るなんて無理無理」「やっぱり監督としての経験不足だよ」と斜に構えていた者たちも含め、周囲は勢いよく上昇気流に巻き込まれていった。冷たい秋雨に濡れた秋田での試合後には、退場した選手がスタジアムから出てくると「お前のおかげでみんなが一致団結したぞ！」とばかりに、出待ちしていたサポーター集団が拍手喝采で迎えた。こうなってくるとチームは強い。優勝への気運は高まるばかりだ。

じりじりと迫ってくるトリニータの気配にプレッシャーを感じながら栃木も必死で逃げ切ろうとしていたのだが、第29節のパルセイロ戦で後半アディショナルタイムに失点して痛恨の黒星。最終節を残してトリニータに首位の座を明け渡すと、最後はトリニータが快勝でゴールインするのを見送る格好となった。

シーズンラストに5連勝。最後のストレートで圧倒的なスピードを発揮するランナーのように底力を見せつける、あまりにドラマティックな展開だ。

優勝の瞬間、地面に突っ伏して体を丸め号泣する片野坂の姿は中継を通じて全国に広まり、クラブマスコットの亀をもじってサポーターから「カメノサカ」と呼ばれた。それを誰かから聞かされていたのだろう。翌日、ホームスタジアムにファンやサポーターを招いて行われたJ3優勝・J2復帰報告会で、片野坂が挨拶の際に自ら「カメノサカになりました！」と笑うと、スタンドからは歓声と爆笑が沸き起こった。

サポーターとともに苦しみを乗り越え、最後に喜びを分かち合える瞬間がどれだけうれしいものであるかを、監督としての片野坂はしみじみと噛み締めていた。

駆け抜けたJ2とテクニカルエリア

難しいノルマをひとつクリアして、ようやく心置きなく自らのスタイル構築に着手できる状況になった片野坂は、そこからまたコツコツと長い道のりを歩きはじめた。

自身のサッカー観をベースにかつて学んだペトロヴィッチ監督の「ミシャ式」をトリニータ仕様にアジャストしながら、試行錯誤を繰り返した。指揮3シーズン目の2018年にはフォーメーションベースの考え方からポジショナルプレーの要素を濃くした世界観へと切り替え、より〝対相手〟の視点を浮き彫りにさせながら多彩な策を編み出して戦うと、リーグ最多の76得点で2位フィニッシュ。難しいJ2というリーグを2年で駆け抜け、J1への自動昇格を果たした。

おそらくその2018年シーズンの戦い方が、最も片野坂の理想形に近い攻撃的スタイルだったと思われる。ゴールキーパーからボールをつなぎ相手を動かすことで優位な状況を作っておいて最後はサイド攻撃で仕留めるという形が何度もピッチで再現され、それはほとんど様式美の域へと達していた。リーグ最多得点も特定のストライカーが爆発的に量産したものではなく、ミッドフィルダーを含む4人の二桁得点者を中心に数多くの選手が関わって生み出した、組織的な戦術の結実だ。ここにも「特定の個人に依存しない」という片野坂の哲学が息づいており、それは高額なストライカーと契約することが難しいクラブの予算規模とも絶妙に合致していた。

かくしてミシャ式を母体に片野坂が築いたものはひとつのスタイルへと結実し、いつしかJリーグファンの間で「カタノサッカー」という愛称を賜ることになる。特にJ1で戦うようになってからはいっそう注目度が高まり、やがてその呼び名は新聞やメディアの見出しにも躍るまでに認知された。

注目されたのはその独特のサッカースタイルだけではない。とにかく、試合中の片野坂自身がエンターテインメントそのものだった。

ピッチの選手たちに指示を送るために、ひたすら声をかけ続ける。手をメガホンにしてもスタンドからの応援に掻き消されてしまうので、大きく腕を広げたりジャンプしたりとアクションでも伝えた。攻め上がる選手たちと一緒に上がり、押し下げられるときには一緒に下がる様子はほとんどラインコントロール状態だ。もちろんそれはあくまでも監督が動くことを許されているテクニカルエリアの範囲内に限られるのだが、ときどき勢い余ってちょっとはみ出しては、第4審判に注意された。ルールは真面目に厳守するほうなので、それからしばらくはエリアをはみ出さないように気をつける。駆け出しそうなのを踏みとどまってラインぎりぎりで爪先立ちになったりもするうちに、白熱する戦況とともにまたはみ出してしまった。

「ヤバいくらいカタさんが面白すぎて肝心の試合が見れない！」

「なんなら選手より走ってるんじゃね？」

Jリーグファンは悪ノリも大好きだ。テクニカルエリアが真っ赤に色づいたヒートマップも作られた。本人は「いやいや、僕なんかよりピッチの選手たちに注目してください」と恥ずかしがるのだが、見ている側としては本当に面白いのでどうしても視線が引っ張られてしまうのだった。

怪我の功名

思わぬ負傷というべきか、継続的な負荷による必然の故障だったのか。

激しいJ2を戦ったシーズンのことだ。テクニカルエリアで白熱するあまり、選手たちに指示を送り続ける片野坂の喉は、しばしば悲惨なことになった。

「今日は本当に、選手たちが頑張ってくれたと思います……」

試合後の監督インタビューの第一声で、中継を見守っていた視聴者はギョッとする。しゃがれ声などというレベルではない。完全にカッスカスなのだ。

「ちょっと！　カタさん！　声！」

出ない声をなんとか振り絞ってインタビューに応えようとする片野坂の姿に、笑いごとではないのだがどうしても笑いが込み上げてくる。

「お聞き苦しいことで、たいへん申し訳ありません……」

中継用のインタビューを終えて記者会見場に現れたときも、着席後いきなりの謝罪。予期せぬウィスパーボイスでの会見に、エキサイティングな試合について話を聞こうと集まった報道陣は笑いを堪えるために肩を震わせ、まったく別の意味で手に汗握ることになった。

最も重症だったのは、2018年J2第29節、味の素スタジアムでの東京ヴェルディ戦だ。

この日はなんと、キックオフ後5分ほどでパタッと声が出なくなった。

ヤバい。これでは選手たちに指示が出せない。

ピッチでは緻密な駆け引きが繰り返され、スコアは0‐0のまま、緊迫の度合を増すばかりの展開だ。

脇を固めるコーチたちが片野坂の指示を〝通訳〟するかたちで戦いながら、裏ではクラブスタッフがアウェイ側ゴール裏へと走り、サポーターたちの間を「誰かのど飴持ってませんか」と駆けずり回った。幸いにして分けてもらえたのど飴を舐めながら片野坂はなんとか90分を戦い抜いたが、ロッカールームでも選手たちに爆笑され、この〝声嗄れ事件〟は試合結果とともに広く報じられた。

そんなある日、酷使される片野坂の喉を案じたサポーターがSNSで、日本を代表するのど飴の老舗にSOSを発信した。

「浅田飴さん、カタさんの喉を助けてあげて！」

株式会社浅田飴といえば、明治20年に創業した医薬品メーカーだ。その一流企業が一人のトリニータサポーターの声に応え、第30節・徳島ヴォルティス戦の朝には片野坂の元へと90缶もの「浅田飴薬用のど飴クール」が送られてきた。それればかりではない。その流れから浅田飴は、トリニータとのスポンサー契約まで締結したのだ。

「浅田飴130年の歴史で初めてのこと。やるしかないでしょう！」

懸命に闘う片野坂の姿とそんな指揮官に注がれるサポーターの愛に感銘を受けたという堀内邦彦社長は、江戸っ子らしい気風のよさで胸を叩いた。浅田飴のシュガーレス化を進めたキレ者の6代目社長は、片野坂に会うために忙しいスケジュールを縫って弾丸状態でクラブハウスに来訪し、対面が叶うと互いに握手した手をなかなか離さなかった。

以後、試合前のベンチには片野坂専用の浅田飴が置かれ、テクニカルエリアで躍動する片野坂の手に握られた浅田飴缶が、試合中継映像でもはっきり確認できるようになった。「あれを見て社内でも大騒ぎになったんですよ」と、浅田飴の社長室長も笑った。

浅田飴のトリニータコラボパッケージも発売され、サポーターたちにとっても浅田飴は欠かせない応援グッズのひとつになった。その後、浅田飴はスポーツ界への支援を拡大する。このエピソードはさまざまなメディアで繰り返し伝えられ、またも新たな〝片野坂伝説〟が誕生したのだった。

Ｊ１自動昇格を決めた２０１８年Ｊ２最終節。試合後、片野坂はゴール裏へと出向き、メガホンを使ってサポーターたちに感謝を伝えた。

「みなさんの、応援のおかげで、昇格を、果たすことが、出来ましたー！」

息を弾ませながら張り上げた声が見事にカッスカスだったことで、喜びを爆発させるサポーターたちのテンションはさらに上がった。浅田飴との出会い以降、片野坂が人前で話す機会があるたびに「声は出るのか否か」が注目ポイントになっている。浅田飴というパワーアップアイテムを得てからは声が嗄れることも少なくなっていたのだが、決戦のこの日ばかりは、飴の力を上回る勢いで指示が送られたようだった。

Ｊ１でも貫いたスタイル

「まずはこの状況を楽しもう。自分たちがやってきたことを思い切りＪ１のピッチで表現しよう」

初めてのＪ１チャレンジとなる、２０１９年Ｊ１開幕戦。アウェイで対峙するのはアジア王者の強豪・鹿島アントラーズだ。片野坂は緊張でガチガチになりそうな選手たちの肩の力を抜くように言って、ロッカールームから送り出した。

勝てなくても当たり前。観客のみならずチームまでがそれくらいのスタンスで思い切って挑んだ試合で、だが、チームは大方の予想を裏切る。昨季までＪ２にいたトリニータは、アントラーズにとってはほとんど未知の存在だ。選手個々のデータも乏しく、カタノサッカーについても知らない。Ｊ２ではすっかりお馴染みとなっていた「疑似カウンター」の術中にハマって2失点し、1点は返したものの、トリニータにＪ１初勝利を献上することになった。

試合後はあちこちで大騒ぎになる。番狂わせを演じて誇らしげな選手たちと、それを迎えて盛り上がるトリニータのサポーターたち。ミックスゾーンでは報道陣が黒山となり、翌朝のスポーツ紙には大きな活字の見出しが踊った。

勢いに乗るトリニータはその後も、横浜Ｆ・マリノスやジュビロ磐田らＪ１のそうそうたる強豪を次々に下す。その特徴的な戦い方は徐々に相手に研究され対策されるようになったが、またそれを上回るために、カタノサッカーは進化を繰り返していった。

だが、２０２０年、新型コロナウイルス禍という未曾有の災厄により、Ｊリーグも中断を余儀なくされた。全国的に緊急事態宣言が発令され、チームがグラウンドに集まることも出来ない。プレシーズンにキャンプで高めてきた選手たちのコンディションも水泡に帰した。ようやく試合が再開したのは7月だ。とはいえスポンサーのためにも、またクラブの収入を確保するためにも、試合数を減らすことは避けたい。４ヶ月の中断分も含めてスケジュールを組み直し、全試合をどうにかこうにか12月までにこなすことになった。チームにとっては連戦続きの、とんでもない過密日程になる。

しかも最初の2試合はウイルス蔓延防止のために観客を入れない「リモートマッチ」という特殊な状況での開催だ。第2節のホームゲームでは、がらんとしたスタジアムに録音されたサポーターの歓声やチャントがスピーカーから流された。その合間には、ボールを蹴る音に混じって選手たちの息遣いまでが聞こえてきそうだ。そしてもちろん、片野坂の声も響き渡り放題だった。

コロナ禍による特例でこのシーズンはカテゴリーの降格制度が廃止されており、どれだけ悲惨な戦績でもJ2に落ちる心配はなかったのだが、逆にコロナ禍で生活全般がさまざまに制限されるストレスも嵩み、それを上乗せしたかのような勢いで、負ければSNSにもサポーターたちのネガティブな文言が踊った。勝てばあっさりと手のひらは返る。サッカーのリーグ戦のいちばんの楽しみは、辛抱強くチームの成長を見守っていくことに他ならないはずなのだが、コロナ禍での鬱積は次第に世の中全体の精神的耐性を損なっていくように見えた。

その中でも、恐るべく粘り強さと継続性を貫いたのが片野坂だ。とにかく応援してくれるサポーターのために、支援してくれるスポンサーや関係者たちのためにと、現場での工夫を凝らし続けた。

最悪のタイミングでの一報

指揮6年目の2021年を片野坂は自らの集大成と位置付けてシーズンに臨んだ。

その年はJリーグにとって、過酷なシーズンになることが予想されていた。2020年にコロナ禍による特例措置として毎年2チームの降格制度を廃止した皺寄せで、2021年は4チームが降格して帳尻を合わせることになっている。ただでさえコロナ禍で収入が減少しているところへ、カテゴリーを落とせばさらなる経営圧迫も免れない。まさに生き残りを懸け、自分たちが残留するためにライバルを蹴落とすつもりで、どのクラブも選手を掻き集めた。海外との出入りも制限され国内での移籍が加熱する中、小規模予算で粒揃いのプレーヤーが揃っているトリニータは格好の標的にされたのだろう。その選手を引き抜くことは同時に、組織的なカタノサッカーの屋台骨を外すことにもつながる。要所を潰せば組織そのものが崩れ、組織的に戦えなければカタノサッカーは成立しない。つまりはトリニータが降格4枠のひとつを埋める候補になり得るわけで、そこを狙われた向きもあった。

片野坂が絶対的信頼を寄せていたキャプテンをはじめ戦術体現のキーマンが何人もチームを去り、これまでのカタノサッカーの積み上げの大部分は失われることになった。代わりに火急的に獲得した選手たちもそれぞれに実績を持ついいプレーヤーだったが、彼らが戦術を理解し組織としてフィットしていくには相応の時間が必要だ。スタイルの大枠は保ちながらも、プレーヤーが入れ替わればニュアンスが変わる。選手同士の阿吽の呼吸や共通理解も最初から組み立て直し。むしろ逆に、これまでのスタイルが明確だったことで新加入選手がそのイメージに無理矢理自分を当て嵌めようと苦心し、本来の魅力を出しきれずに悩むことになってしまった。

戦い方が定まらない状態では勝点も積めない。強豪クラブとの対戦が続いた第5節からは7連敗を喫した。その後もひとつ勝っては数試合未勝利を繰り返す。なにしろコロナ禍による過密日程でシーズンの進むスピードが速く、チームが成長する間もなく消化試合数が伸びていく。

そうなると当然、サポーターは荒れた。負け試合のたびに瞬間湯沸かし器さながらに「クビにしろ」と激昂する者が現れる。普段はそんな手のひら返しに眉をひそめるタイプの人たちも、さすがに心配しはじめた。

「カタさん顔色悪いね……」

「本人のためにも監督交代してあげたほうがいいんじゃ……」

生真面目な片野坂はただ自らを責めていた。試合後の表情は青ざめて凍りつき、声もか細くなって、明らかに尋常な状態ではない。5月には辞意を申し入れたが、クラブからは強く慰留された。片野坂の手腕を信じ、可能なかぎりの戦力補強で後押しすると言われ、それ以上は強く主張できなかった。

片野坂はこれまでに積み上げてきたもののいくつかの要素を手放し、なんとか勝点を拾おうと手を尽くす。その甲斐あって10月にはようやく少しずつ調子が上向き、第31節と第32節でシーズン初の連勝。第33節にも勝点1を積んで、どうにかギリギリ残留を勝ち取れるのではないかという雰囲気が高まってきた、そんな矢先のことだ。

「ガンバ大阪、来季指揮官に大分・片野坂監督の招聘が決定的」

そんな見出しがスポーツ紙に踊った。第一報は第33節の徳島ヴォルティス戦翌日の未明だった。

報道について囲み取材で質問された片野坂は、言葉こそ丁寧ながら、はっきりと不快感を表明した。

「まだ決まっていないことに関してそういう報道をされるのもちょっとどうかなというところもありますし、いまはこうしてトリニータが残留争いをしている非常に大事な時期なので。とにかく、僕自身はこのチームをしっかりと残留させることが使命だと思っていますし、それが終わってから、来季のことだとかいった話が来るだろうと思っています」

だが、記事を見たサポーターは動揺を隠せない。一丸となって勝点を積み続けなくてはならないというのに、サポーターたちの間には白けた雰囲気が漂いはじめた。

救いは選手たちが大人だったことだ。

「まあカタさんもプロなんだから、そういうこともあるかな」

そう言ってこれまでと変わらず、指揮官の提示する戦術を遂行し続けた。

悲しみと感謝が入り混じる恩返し

とはいえ、チーム状況は決して良好とは言えない。相手を分析して策を凝らし、狙いどおりに攻めればそれなりに決定機を築くところまでは行けるのだが、フィニッシュの精度と強度が不足して、最後の最後でゴールが割れず、勝点にはつながらないのだ。Ｊ２最多得点でＪ１自動昇格を決めた２０１８年のカタノサッカーは、そこにはなかった。

今節勝たなければ他会場の結果次第でＪ２降格が決定するという崖っぷちで迎えた第36節。相手は３連勝中のアントラーズだ。トリニータは「勝機を見出すにはこれしかない」とばかりに守備意識を高めて臨み、ゴール前で粘り強く強豪の攻撃をしのぎ続けた。その結果、無失点で乗り切ることは出来たのだが、得点は挙げられずスコアレスドロー。他力本願も叶わず、トリニータの来季Ｊ２降格が決まった。奇しくも片野坂トリニータのＪ１チャレンジスタートの地で、その終焉を突きつけられたかたちだった。

残留失敗の責任を取り、片野坂はこのシーズンかぎりでの退任を、自ら発表する。

サポーターの中には「だからもっと早く解任しとけって言ったのに」という論調がある一方で、６年かけてチームをＪ３からＪ１へと導いてくれた恩人には感謝しかないという声も多かった。

「いい夢見させてもらったよ……恩返しはたっぷり頂いた」

片野坂がいなければ、もしかしたらいまだにJ3で、予算規模をさらに縮小しながら燻っていたかもしれない。それを再びJ1で戦えるところまで回復させ、一世を風靡(ふうび)するスタイルも築いてくれたのだ。その手腕をもってしても埋められなかった主力の大量流出による大きな穴は、最後にはJ2降格と敏腕指揮官との別れというさらなる悲しみを招いたが、小規模地方クラブのサポーターたちは長年の応援活動の間に、ビッグクラブとの格差を受け入れることにも慣れている。その上で「また頑張ろう」と上を向くのが、彼らの極上の心得なのだ。J3に降格した2015年と同じように、来季はまたゼロから出直そう――。

だが、片野坂の恩返しはここで終わりではなかった。カタノサッカーはここから予想外の大展開を切りひらく。

降格が決まったことで逆に残留争いのプレッシャーから解放されたように、選手たちは躍動感を取り戻した。片野坂のホームスタジアムでのラスト采配となった第37節・横浜FC戦に2−0で勝利すると、アウェイでの最終節・柏レイソル戦も連勝。「これぞカタノサッカーだ！」と言わんばかりの連動性を発揮して、シーズン初の3得点を挙げるエキサイティングなゲームを披露した。

物真似でも発揮されたスカウティング力

試合後、日立台のゴール裏へと挨拶に訪れた選手たちは複雑な表情だった。

Ｊ１最終節にようやく自分たちの理想としてきたスタイルを表現して快勝できたことはうれしかったが、２週間前にはＪ２降格が決まっている。アウェイの地まで応援に来たサポーターたちはＪ１での最後の勝利に盛り上がっているが、一緒になって喜んでいいものかどうか。ナンバー１ムードメーカーのキャプテンがみんなで喜ぼうとジャンプしながら煽るが、それに続く選手がなかなか出てこない。この状況をどう収拾するかと見守っていると、選手たちの後ろからものすごい勢いでオーバーラップしてきた者がいる。誰かと見ればそれは片野坂で、一人で飛び跳ねていたキャプテンと肩を組み、元気にジャンプしはじめた。指揮官がこれだけ弾けては選手が出ていかないわけにいかない。最初は少し戸惑いながら、だが列になって全員で跳ねるうちに、次第に勝利の喜びが新たな力を芽吹かせた。リーグ戦は終わったが、まだ天皇杯が残っている。リーグ最終節の１週間後に行われる準々決勝に向けて、いい流れで士気を高めることが出来た。

これまでも、ここぞというところでは自ら率先して体を張るのが片野坂だった。

あれは残留争いの真っ最中だった10月２日。自身もサッカー経験者で日頃からＪリーグにまつわる人の物真似をツイッターで披露しているお笑い芸人のワッキー氏が、ついに、テクニカルエリアで選手たちに指示を送る片野坂をターゲットにする。

「Jリーグモノマネシリーズ

めちゃくちゃ動いて選手よりもカロリーを消費してそうな 大分の片野坂監督

何を指示してるのかわからないのでサイレントでお届けしました」

という文言とともに公開された45秒の動画では、一瞬たりとも動きを止めずにテクニカルエリアで躍動する片野坂の姿を余すところなく形態模写。これだけ激しく指示を送っているのに結局は動きが激しすぎてそちらに意識を奪われるあまり「何を指示してるのかわからない」というあたりも絶妙な「それそれ！」感で、そのツイートは秒速でJリーグファンの間に拡散された。

それだけでも十分に面白いのに、なんと片野坂はその4日後にクラブの公式ツイッターを通じ、ワッキー氏へのアンサーとして、まさかの物真似返しをぶっ込んできたのだ。

「ワッキーさん！

僕の物真似をしていただいてありがとうございます！

僕も物真似で返したいと思います！」

スプリンクラーが稼働する快晴のグラウンドでキャップを後ろ前に被り、両手を腰に当てて高らかに放ったタイトルコールは「芝刈り機！」。それはワッキー氏の代表的な持ちネタだ。

普段は真面目一徹の指揮官の、何かを吹っ切ったような全力のパフォーマンスは、元ネタとなったワッキー氏のツイートを大きく上回る勢いでバズりまくった。

言葉にはしなかったが、指揮官が苦しいシーズンの残留争いの中で元気を損なっている選手やスタッフたちを励まし、ファンやサポーターたちを少しでも楽しませようとして身を擲(なげう)ったのだということは、見る者にひしひしと伝わってきた。だが、そのことへの感謝以前にシンプルにその物真似が面白い。聞けばワッキー氏の物真似をするために、動画サイトで緻密にスカウティングして、鏡の前でトレーニングを積んでいた。

「最高すぎるでしょ、ウチの監督！」

サポーターたちは腹をよじらせながら、この人についていこう、と拳を合わせた。

カネの甲より戦術の功

準決勝で対峙するのは、前年のタイトルホルダーでリーグチャンピオンの川崎フロンターレだ。どう見てもＪ２降格チームが敵(かな)う相手ではない。片野坂トリニータの終点はここだろうと、対戦する前から大半のサポーターが受け入れていた。まさか延長戦からのＰＫ戦に持ち込んでトリニータが決勝へと駒を進めるとは、思ってもみなかった。

この日、片野坂が敷いたのは、このチームでこれまで見せたことのないフォーメーション。

フロンターレの攻撃をマンツーマン気味に阻む狙いで、1週間のトレーニングをその浸透に費やした。

圧倒的に攻められる展開をキーパーのビッグセーブ連発にも助けられながら粘り強くしのぎ、なかなか得点できない相手が前がかりになったところで背後を突いたのは目論見どおり。だが、スコアは動かないまま延長戦に突入。劣勢に耐えていた112分、ついにフロンターレにこじ開けられるように失点し、決着はついたかに思われた。そこからなんと後半アディショナルタイムに、パワープレーで奇跡の同点弾が生まれる。勢いよくなだれ込んだPK戦では運も味方につけると、フロンターレの7人目が失敗してトリニータの勝利が決まった。

J2降格からの大金星に、等々力陸上競技場に駆けつけたサポーターは大盛り上がりだ。一緒に勝利の喜びを分かち合うべくチームはゴール裏に整列したが、いつも勝利のお祭り騒ぎを仕切るキャプテンはヒーローインタビューの真っ最中。誰が音頭を取るのかと案じた矢先に、華麗なステップで後方から躍り出たのは片野坂その人だった。選手たちもそれに加わり、歓喜の輪が広がると、片野坂は〝芝刈り機〟をナマ披露。インタビューを終えて駆けつけたキャプテンとの〝ダブル芝刈り機〟にスタンドは沸き、決勝戦へと気運は最高に高まった。

新国立競技場での天皇杯決勝がラストゲームの舞台になるとは、どれだけ恵まれているのか。

6年間お世話になった人たちのために。最後にはその一心だけが残った。

世界的スーパースターや代表クラスの選手たちが華やかなプレーを披露するJ1において、

そういったプレーヤーと契約するだけの資金を持たないチームで工夫を凝らして戦い続け、それゆえに「戦術家」と呼ばれるようになったサッカー監督・片野坂知宏は、トリニータの指揮官としてのラストスパートへと心の回転数を上げた。

サッカー漫画や映画なら、タイトルを獲って有終の美を飾る展開待ったなしのシチュエーションだ。

だが、現実はそれを上回って劇的だった。

早々の6分に先制点を奪われると、その後も歴然とした力量差をあらわに相手に攻められる時間が長くなったが、なんとまたもや試合終了間際の90分に、パワープレーから同点に追いついたのだ。

ここでも決着はＰＫ戦かと色めき立った90＋3分。本当にあと数十秒をしのぎ切ればという時間に、レッズにネットを揺らされた。無情のタイムアップ。片野坂トリニータの闘いは、ここで終わった。

表彰台に並ぶレッズの選手たちの脇で、チームは最後の円陣を組んだ。

「グッドルーザーでいよう。胸を張って大分に帰ろう」

片野坂は最大の賛辞と感謝とこれからへの激励を、選手とスタッフたちに贈った。

6年分の涙

「本当にしあわせな6年間でした」

新国立競技場から帰った翌日、片野坂は退任会見でこれまでの歩みを振り返った。

そもそも、指揮官の退任にあたり会見が開かれること自体が珍しい。一時は自ら進退伺いを立てた片野坂を引き止めたクラブの、厚い信頼の表れでもあった。

壇上で思わず涙があふれたときには「すみません、シャッターチャンスじゃないので」とペロッと舌を出して笑いを取った。2017年J2で最後に昇格の可能性が断たれたとき、試合後会見で号泣しながら「撮らないでください、みじめなので」と制した日のことが思い出された。

同じ場所で「古巣の危機を救いに来ました」と、覚悟を胸に語ったあの日を「若かった」と振り返って、片野坂は語った。

「指揮を執らせていただき、本当にしあわせだったと思います。本当は笑って泣いてチームを去りたかったですけど、今年にかぎっては悔しい思いばかりで非常に悔いが残ります。でも、この大分での6年間を、わたしは決して忘れることはないし、この6年間を大事に、次のステップに進んでも、監督としての成長、人間としての成長を続け、さらにサッカー界に、そして監督としてもいい影響を与えられるように、しっかりと精進して大分を退任したいと思います。本当に6年間ありがとうございました」

集まった報道陣からあたたかい拍手で送られて、片野坂は会見場を後にした。

会見の3日後には片野坂のガンバ大阪での監督就任と、トリニータの新指揮官就任が発表された。休む間もなくガンバでの戦いへと意識の舵を切る。

望まれて戻ったガンバでのシーズンは苦しいものとなった。トリニータとは選手の特徴もその層も全く異なるビッグクラブで新たなチームマネジメントにも挑んだが、なかなか結果がついてこない。J2降格圏に低迷しながらも、トリニータでの辛抱強いチームビルディングを知っているガンバのサポーターたちからは「カタノサッカー新章」の成熟を期待されていたが、リーグ戦24試合を終えた8月17日、クラブはついに片野坂の任を解いた。

シーズン中にはトリニータで連敗していたとき以上のやつれた風貌を晒していた片野坂は、初めての解任を受け入れて、少しほっとしたようにも見えた。指揮官としてノンストップで戦う中で摩耗した心身を、しばし休めるべきときが来ていた。大分からその様子を心配しながら見守っていたトリニータのサポーターたちも、解任の無念さとともに、片野坂と一緒に肩の荷を下ろしたような安堵感を覚えていた。

片野坂が去ったトリニータを引き継いだのは、片野坂の高校時代以来の盟友でもある下平隆宏だ。下平もまた苦戦しながら初めてのシーズンを送っていたが、前半戦の出遅れをどうにか取り戻してJ1昇格を狙えるところまでチームを引き上げた。

そのトリニータのJ1参入プレーオフ1回戦・ロアッソ熊本戦がNHK大分放送局で中継されることになり、ゲスト解説者として、片野坂はひさしぶりに大分へと帰ってきた。試合前取材のために訪れたグラウンドでは片野坂の姿を見つけた選手やスタッフ、馴染みの報道陣たちが次々に挨拶に訪れ、下平監督には練習前の円陣に招き入れられてスピーチも求められた。試合中継の番宣では手を叩きながらトリニータのチャントを歌い、サポーターたちはそのテンションの高さに爆笑した。

カタさんに勇気づけてもらったのは、これで何度目だろう。

大分の人たちは、いまでも片野坂のことが大好きだ。

ガンバでは結果が出なかったが、ガンバやトリニータ以外のファンやサポーターたちも、その監督としての高い手腕はよく理解している。

「早くカタさんの次のチーム決まらないかな……」

ありったけ受け取った希望と自信とエキサイトを胸に、みんなが指揮官の〝オフ明け〟を待っている。

理にかなっていた采配

下平隆宏

決戦前にくだした大きな決断

「もしあのとき上位チームとしてホームで戦う状況になっていたら、違う選択をしていましたか?」

2022年シーズンのラストゲームとなった決戦について問うと、指揮官は即座に、きっぱりと答えた。

「あの戦い方は選んでないですね。あのメンバーでもなかったと思います」

例年以上にタフなシーズンとなった2022年のJ2。下平隆宏の率いる大分トリニータは、リーグ戦を5位で終えてJ1参入プレーオフに参戦することになった。

かつては「J1昇格プレーオフ」という名で、首位・2位の自動昇格枠を逃した3位から6位のチームが、昇格の最後の1枠を競っていた大会。「準決勝」で3位と6位、4位と5位がそれぞれに戦い、その勝者同士が「決勝」で激突して、優勝チームが来季J1に昇格するというトーナメント方式だった。それが2018年からは名称を変え、3位と6位、4位と5位による「1回戦」、その勝者同士による「2回戦」の後、さらに「決定戦」と呼ばれるJ1の16位チームとの入れ替え戦が設けられた。J2チームがプレーオフ経由でJ1昇格を勝ち取るまでに、ハードルがひとつ増えたかたちだ。

そういう変更点はあったものの、J1昇格争いにプレーオフ制度が初めて導入された

２０１２年以来、「リーグ戦での上位チームが優位」というレギュレーションは変わっていない。３位と6位とのマッチアップでは3位、４位と5位では4位のチームが、試合のホーム開催および引き分けでも勝ち抜けというアドバンテージを有する。それは２０１８年以降に行われるようになった決定戦でも同様で、試合会場はＪ１の16位チームのホームスタジアム。Ｊ２チームは引き分けでも敗退となる。

とにかく残酷な大会だ。最後まで勝ちきれば昇格や残留を掴むことが出来るが、ひとつ負ければそれまでのすべてが水泡に帰す。クラブにとっては来季のカテゴリーが決まり、チームスタッフや選手たちにとってもその後のサッカー人生を左右しかねない、運命の分岐点。そんな重要局面に課されている「上位チームは引き分けでもＯＫ」というレギュレーションが、一戦における駆け引きをよりスリリングなものにし、ときにチームとしての戦い方を選ぶ判断材料ともなっていた。

リーグ戦を5位で終えたトリニータが1回戦で挑むのは、4位のロアッソ熊本。奇しくも隣県同士での九州ダービーとなり、トリニータのサポーターも大挙してスタジアムに押しかけることが予想されたが、その後押しによる応援合戦は互角に持ち込めたとしても、やはりアウェイはアウェイだ。チームは前泊しなくてはならないし、ロッカールームやアップスペースをはじめとするスタジアムでの過ごし方、ピッチコンディションなど、さまざまな面でホームとは勝手が違う。なによりも「引き分けでは敗退」というディスアドバンテージが課されていることとが大きい。

4位のロアッソは、際立って特殊な攻撃的サッカースタイルを貫くことで名高い大木武監督が、Ｊ３で２年、Ｊ２で１年かけて築き上げてきたチームだ。プレーヤーが流動的に立ち位置を取りながら速く小刻みなパスワークを繰り返して相手守備網を侵食していくのが大木サッカーの最大の特徴なのだが、２００２年にヴァンフォーレ甲府で初めてトップチーム監督となって以来、指揮を執った数々のクラブで戦いを重ねながら、そのスタイルは徐々に変貌し、バージョンアップを繰り返していた。目に見える大きな変化としては、当初はいかなるときも縦横にコンパクトな陣形を維持していたのが、幅と奥行きも駆使するようになった点だ。

ただ、戦術としてバージョンアップはしても、シーズン中に戦い方を変えることはほぼ皆無というのも、大木の特徴だった。フォーメーションは変えずメンバーも固定気味。選手交代や勝ちパターンにも方程式を持つ。その戦法があまりにもブレないので対戦相手からは分析されやすく、あの手この手で対策も講じられる。それでもそれを上回って勝とうとするのが大木の大木たるところであり、このシーズンはＪ３から昇格して１年目ながら、実際にそれを貫いてリーグ4位という戦績を残していた。

そんなロアッソとの、絶対に勝たなくてはならない一発勝負。Ｊ１昇格への望みをつなぐために、下平は今季いちばんとも言える、大きな決断を下した。

番記者にも予想できなかったメンバー選考

２０２２年10月30日。

キックオフ２時間前の試合中継スタッフ控室は、発表されたばかりのメンバー表を前にバタついていた。トリニータのスカッドが想定外だったためだ。ここまでリーグ戦を戦ってきた主力の何人かがベンチにも入らず、１週間前のリーグ最終節・ＦＣ琉球戦からスターティングメンバー７人が入れ替わっている。

事前に準備していた予想フォーメーション図を慌ただしく書き換えながら、番記者に連絡してメンバー変更の理由を探り、出場メンバーに関する情報を集めた。

番記者にとっても衝撃的なメンバー選考だった。ゴールマウスを守るのは８月23日の水戸ホーリーホック戦以来の出場となる高木駿。最前線には５月14日のロアッソ戦以来、実に５ヶ月半ぶりに先発する伊佐耕平が配置された。シーズン後半の好調を支えたベテランの梅崎司はベンチ外で、さらには試合前々日のリーグ公式記者会見にチームを代表して出席したキャプテン・下田北斗の名前もない。下田に代わって中盤の底に入ったのは、トリニータU-18所属の17歳、保田堅心だった。20歳の弓場将輝との若いダブルボランチコンビとなる。

そう来たか……。

選ばれた顔ぶれを眺めれば、指揮官の意図は見えた。前線に走力自慢の選手を並べ、ロアッソのビルドアップに激しく圧をかけてそれを阻む。琉球戦から入れ替えたのは総じて守備の強度の高い選手。相手の巧みなパスワークを封じ、失点しないようにしながら試合を運ぶ算段なのだろう。勝利することでしか先に進めないアウェイでの戦いにあたり、就任当初からポゼッションスタイルを標榜してきた下平は、その真逆へと大きく針を振り切ったのだ。

ただ、落ち着いて考えてみれば、それほど意外ではないのかもしれなかった。

今回先発する伊佐は5月の第16節、保田は6月の第23節と、リーグのロアッソ戦で先発している。2列目に入った中川寛斗は2試合ともにスタメンだった。ただし、当時は過密日程の影響で負傷者も多く、メンバーを掻き集めるようにしながら連戦を戦っていた時期だ。フォーメーションや選手起用も定まっていなかった。戦い方が安定し、リーグ戦で結果を出して順位を上げた現在とは状況が違う。

この大一番での大胆な戦術変更。ディスアドバンテージを鑑(かんが)みての大きな決断に、勝負師の顔が見えた気がした。上位チームであるロアッソをこの上なくリスペクトしながら、現状のチームの最大限の力をもって決戦に臨む選択だと思った。

同時に、メンバー外となった選手たちの思いも、想像すれば胸に迫る。自らの今後にも関わる大事な一戦のピッチに立つことが出来なかった彼らのためにも、チームはこの日、なんとしても勝ち上がらなくてはならなかった。

似て非なる最後の2連敗

ロアッソ戦にこの戦法で挑むと下平が決めたのは、Ｊ2最終節の琉球戦に敗れ、リーグ最終順位が5位と決まったときだった。

最終節の結果次第ではロアッソと順位を入れ替えて4位を勝ち取れるチャンスも十分にあったのだが、トリニータはそれを逃してしまう。第40節の横浜ＦＣ戦で劇的なシーソーゲームを制しＪ1参入プレーオフ圏の6位以内を確定するまでは、リーグ後半戦は10勝8分1敗。不調だった前半戦の出遅れを取り戻すように順位を上げてきたのだが、プレーオフ圏内が確定すると同時に緊張の糸が切れたかのように、ホーム最終戦の第41節・モンテディオ山形戦に0－3で敗れ、最終節の琉球戦にも0－1という2連敗フィニッシュとなった。

興味深いことに、このシーズンは3位のファジアーノ岡山、4位のロアッソ、5位のトリニータが揃ってリーグ戦を2連敗フィニッシュしている。ファジアーノを率いる木山隆之監督は自動昇格争いから脱落してプレーオフへと意識を切り替えることに失敗したと、後日、振り返った。ロアッソは最後までもつれた6位争いに絡むベガルタ仙台と、優勝争い中の横浜ＦＣの本気度を上回れなかった印象だ。

全試合が同時刻キックオフの最終節。5位のトリニータと4位のロアッソとの勝点差はわずか1で、トリニータが勝利しロアッソが引き分け以下なら順位を入れ替えることが出来る。プレーオフ1回戦でのアドバンテージを得るために、是非とも立場を転覆させておきたかった。

ホームで横浜FCと対戦したロアッソは1–1で試合を折り返すと後半立ち上がりに2点を加え、俄然優位に立ったかに思われた。だがその後、立て続けに3失点し、逆転負けを喫する。

一足早く終わったその試合結果はスタッフを通じて、アウェイで琉球戦に臨んでいた下平の耳にも入った。得失点差で上回れるため、琉球とは引き分けでも4位に浮上できる。キックオフ時から嵐のような風雨に苛まれた試合は、終盤を迎えて1点のビハインド。負傷や判定でのロスにより7分ものアディショナルタイムが設けられていた。ミスからの失点を取り返すべく猛追を続けるトリニータは、負傷者が続出して最後は10人で戦うことになった琉球を激しく攻め立てたが、1点が遠い展開に焦燥ばかりがつのるのか、数的優位を生かすことも出来ないまま試合は0–1で終了。こちらも黒星に終わり、ロアッソとの順位逆転は叶わなかった。

さらには2連敗の内容が悪い。ロアッソも同じ2連敗フィニッシュではあるのだが、ベガルタには一度は追いつき、横浜FCからは3点を奪っている。それにひきかえトリニータはラスト2試合ともに、気の抜けたようなイージーミスでの失点による自滅だ。攻撃の連係が乏しくゴールも取れておらず、第40節までの勢いはどこへ消えたのかという試合だった。

相手は手練れの指揮官が3シーズンにわたり辛抱強く育て上げてきたチーム。こちらは今季就任したばかりで、シーズン前半はコロナ禍などの影響により大きく出遅れ、ようやく最近になって形が整ってきたところだ。最終節終了時点でのチーム状態を考慮しても、真っ向勝負では勝ち目がない。終始ゲームの主導権を握るポゼッションを志向するという点ではロアッソと同じだが、現状のトリニータがディスアドバンテージを負ってなお2回戦へと駒を進めるためには、ボールポゼッションを相手に明け渡したとしても、相手の嫌がることを続けてゲームをコントロールする戦法のほうが有効だと、下平は考えていた。

介錯をするつもりだった選手の大復活

「絶対に外さない自信があります!」

スカウティング担当の福井一城コーチが、満面の笑顔で断言した。示しているのはロアッソの予想フォーメーションだ。敵将は余程のことがないかぎりメンバーを含め戦い方を変えない。現在のロアッソには負傷者が出た様子もなく、たとえ一発勝負の決戦であろうとも、おそらくリーグ戦と同じ戦法を貫くに違いなかった。

リーグ最終節からプレーオフ1回戦まではちょうど1週間。オフを挟んで4日間の準備期間がある。

通常、次の試合までのルーティンでは、最初の2日間はメンバーをシャッフルしながらトレーニングの強度を高めていく。戦術的要素を濃くしてある程度メンバーを固定するのは3日目だ。だが今回、下平はメンバー選考を前倒しして、2日目にはそれを選手たちに告げた。ロアッソの戦い方が明確な分、それを封じに行くこちらの戦法もはっきりしている。最も高い強度で体現できるメンバーを選んだつもりだった。

梅崎は、自分がメンバー外だと知ったときのことを「まさかという思いだった」と振り返る。

U－18からトリニータに所属し、２００５年にトップチームでプロデビューした生え抜きだ。後に日本代表の守護神となる同期の西川周作とともにクラブ初のA代表に選出されたレジェンドでもある。２００７年にはフランス２部のグルノーブル・フット38への期限付き移籍で海外挑戦。２００８年から10年間は浦和レッズ、その後3年半を湘南ベルマーレで過ごして、昨夏、Ｊ１残留争い中だったトリニータに復帰していた。

古巣のＪ１残留に尽力したいという思いは人一倍強かったが、ベルマーレで大きな怪我を負って以来ゲームから遠ざかっていた梅崎は、自らのコンディションが上がらないことに加え、当時の片野坂知宏監督のチーム戦術になかなかフィットできず、ほとんど出場機会を得られずにいた。チームがＪ２に降格し、新たに下平が監督に就任した２０２２年シーズンも、３月、最初に出場した試合で負傷してしまう。

そんな梅崎のことを当初、下平も主力としては計算していなかった。

「もともと大分にいて第一線まで行き、ピークから落ちてきたところで古巣に戻って、最後に静かに引退していく選手なのかと、勝手にイメージしていました」

その介錯をするくらいのつもりで見守っていた35歳が、シーズン終盤になって大復活を遂げる。

試合に絡めなくとも日々のトレーニングやケアに真面目に取り組み、現役選手としての意欲を失っていない梅崎の姿を、下平はずっと見ていた。自らのことだけでなく、チームメイトを鼓舞する言葉にも長けている。それはその頃のチームが最も必要としていた要素だった。

一方の梅崎にとっても、下平との出会いは大きな転機となる。これまではあまり戦術的なものを要求されず、ひたすらゴールへの推進力に期待されてきたアタッカー。下平の指導を受ける中で新たなサッカーに出会ったと、目を輝かせて語った。

「本当に、新しい自分の扉が開いた感覚がありました。また違ったサッカー観を掴めた感覚もあったので、選手としての幅や引き出しはすごく増えたのかなと思います。ビルドアップしていく中でどこに立つかとか、相手を崩していくときもどこに立ってどういう運び方をするとか、どういう関係性を作っておくかといったメカニズムを、もっともっと知りたい」

シーズン半ば過ぎまでは疲労した選手に代わって途中出場するにとどまっていた梅崎が先発メンバーとして存在感を発揮しはじめたのは、リーグ戦も終盤に差し掛かってからだ。そのプレーを見て、心底驚いた。かつて弾丸のようにゴールへと迫っていたサイドアタッカーは、攻守で変形する可変システムの中心で、周囲との距離感を気にかけバランスを取りながらゲームを組み立てる役割を巧みにこなしていたのだ。その可変システム採用後、チームは2度の3連勝で勝点を伸ばす。そこには梅崎の仕事が間違いなく不可欠だった。

だからこそ、プレーオフ1回戦での梅崎のメンバー外は「まさか」だった。だが、悔しさの反面、自分が選ばれなかった理由も、自分でわかっていた。

「立ち位置を考えるといったほうに意識のウェイトが傾きすぎて、いちばんの魅力として培ってきた最後の局面での怖さが少し薄くなっていた。メンバーを外れたのは、それもひとつの要因だったのかなと思います」

メンバー外を知りながら臨んだキャプテンの会見

メンバー外であることを告げられた10月28日の午後。キャプテンの下田はチームを代表する選手として、Ｊ１参入プレーオフ1回戦に向けての記者会見に出席した。

下田の出席は以前から決まっていたこととはいえ、わずか数時間前に自分がメンバーから外れたことを知ったばかりだ。昨季Ｊ１残留を果たせなかったチームが今季は1年でＪ１復帰を目指す中、苦しいシーズンをキャプテンとして牽引してきた。向上心が人一倍強く、ストイックにサッカーに向き合う下田の悔しさは想像に余りある。それでもその悔しさを押し殺し、自分が試合に出ないことを隠して、下田はオンラインで記者会見に臨んだ。

出席者はロアッソとトリニータの両指揮官と、それぞれの選手1名だ。ロアッソの選手代表は、下田と同じく中盤の底でゲームを組み立てる役割を担う河原創だった。

オリジナリティー豊かな独自のパスサッカーを貫くロアッソと、ボールを大事にするサッカーでリーグでも高いポゼッション率を叩き出してきたトリニータ。それぞれのスタイルに違いはあれど、攻撃志向の強いポゼッションサッカーを標榜する同士のマッチアップだ。試合展開予想のポイントは自ずと、どちらのチームが主導権を握るか、つまり河原と下田のいずれがよりボールを意図的に動かせるか、ということになる。これまでチームの主力としてほとんどの試合に出場し、試合前の記者会見にも出席している下田がこの大一番でメンバーを外れるとは、この場では当人と下平を除いて誰も知らない。記者会見ではゲームメーカー対決を煽るような質問も飛んだ。

「河原選手と下田選手、お互いに相手をどのように見ていますか？」

それに応えるかたちでまず河原が、「やっぱり下田選手の左足はすごく脅威になると思いますし、試合中も自分たちの嫌なところにポジショニングを取っている選手だなという印象です」と述べた。続く下田は笑顔を見せ「褒めてもらってうれしいんですけど」と前置きしたあとで、「河原選手は熊本のサッカーの中心で、いろんなところのバランスを取ってボールを動かしたり前に展開していったりという印象です。決定的なパスも出せるということで、つねに気の抜けない対戦相手。チーム全体としても意識していかなくちゃいけない選手だと思っています」とアンサーを送った。

警戒する相手プレーヤーはいるかと訊かれた敵将からも「うん、下田くんかな」と名を挙げられて、真相を知らない報道陣にしてみれば、本当に素直に、河原と下田のマッチアップを楽しみにしていたのだ。

そんな眼差しに晒される下田のことを、インターネット越しに同席していた下平は案じながら見ていた。自分が選択したこととはいえ、下田の内心を思えば胸が痛む。記者の質問にも動じずに答える下田に、「北斗、頑張れ！」と心の中でエールを送っていた。

のちに下平はこの日のことをこう振り返る。

「北斗はすごいなと思った。あの日のトレーニングの後に、メンバーを外すという話をした直後でしょう。素晴らしいなと思った。それまでは北斗自身も出るつもりでいただろうし、難しい会見だなと思いながら見ていた。本当によくやってくれた」

リーグ戦で起用し続けてきたように、下平としても下田の力に期待したかった思いはある。だがこのとき、下田は数試合前から軽い負傷を抱えていた。痛みを堪えながら歯を食いしばってプレーしている姿を見てきた中で、その思いを汲みたくもあったが、対ロアッソ戦術では中盤での守備の強度が不可欠だ。コンディションが万全でない下田を起用することは、リスクが大きかった。

「1回戦から勝って戻ってくるから、そしたらそこからまた2回戦に向けてポジション争いしていこう。それまでに怪我を治しておいて欲しい」

下平は下田に、そう約束した。

決戦のメンバーに入れなかったすべての選手たちのためにも、なんとしても1回戦を勝ち上がる。下平はあらためて、その意を決した。

盟友が残した土台

下平のトリニータでの最初のシーズンは、アクシデント続きのタフな1年になった。

前任者は友人でもある片野坂知宏だ。ともに1971年生まれで、第68回高校選手権大会1回戦で下平が五戸高校の、片野坂が鹿児島実業高校の、それぞれキャプテンとして対戦し二人は出会った。高校卒業後、プロプレーヤーとなった二人は柏レイソルでチームメイトだった時期もある。サッカー観も近く、気が合った。下平はレイソルの指揮官として天皇杯で1度、横浜FCを率いてJ2リーグ戦で3度、片野坂トリニータと対戦し、戦績は1勝3敗だったが、いずれの試合も細かい駆け引きの繰り返される好ゲームを演じた。2019年のJリーグアウォーズでは、J1で旋風を巻き起こしたトリニータの片野坂とJ2の2位でJ1自動昇格を果たした横浜FCの下平がJ1とJ2の最優秀監督に選ばれ、壇上に並び立つワンシーンもあった。

そんな盟友が6シーズンかけてJ3からJ1にまで昇格させながら育ててきたチーム。片野坂の緻密な組織的スタイルはサッカー関係者からも高い評価を得た。昨季は残念ながらJ1残留争いに敗れたが、その後、天皇杯を決勝まで勝ち上がって準優勝している。その成果に手応えを感じたのか、Ｊ２に降格したにもかかわらず、主力を中心に28名の選手がトリニータとの契約を更新した。

すでにトリニータを離れることが決まっていた片野坂の後任として下平の名が挙がったとき、二人は互いに周囲にこう話していた。

「シモにならら安心して任せられる。彼はいい監督だよ」

「カタが大事に作り上げているから、戦術的土台がしっかりしている」

こうして信頼関係の下に、チームは引き継がれた。クラブとしても、片野坂と同じポゼッション志向の攻撃的スタイルを標榜する下平ならば、比較的スムーズに移行できると期待していた。下平自身もトリニータでの指揮を楽しみにしていたのだ。前年の主力の多くが残ったため、すでに選手同士での共通理解は出来ている。片野坂が戦術を凝らして組織力で個のポテンシャルを後押ししながらＪ１で３シーズン戦ってきたおかげで、選手たちには戦術的素養も培われていた。

自らの手でＪ１に昇格させた横浜ＦＣを指揮して３シーズン目だった昨季、下平は開幕からの戦績不振を理由に第7節終了後、解任の憂き目に遭う。思いがけず手に入ってしまったフリーな時間を利用して、横浜Ｆ・マリノスをはじめとするいくつかのチームを視察して回り、自らのサッカー観をアップデートした。これまで志してきたポゼッションスタイルに新たな発想を加えたものを、今度はトリニータでピッチに描き出すチャンスだ。昨年末まで天皇杯を戦っていた関係で、チーム始動から開幕までの準備期間は通常よりも1週間ほど短いが、サッカー観の近い片野坂の築いた土台があれば、スタート時点である程度のクオリティーは担保されるに違いない。カタールW杯開催の影響でリーグ戦がコンパクトなスケジュールになった上、昨季J1を18位で終えたためリーグ戦と並行してルヴァンカップも戦うことになる、タフな過密日程を前に、その前提は非常にありがたかった。

誤算だらけのシーズン

だが、その目論見は大きく外れることになる。

プレシーズンの感触は悪くなかったのだ。これを目指すと新指揮官がミーティングで示したサッカースタイルに選手たちは胸を躍らせ、意欲的にその理解に取り組んだ。それを体現するための4−3−3のフォーメーションに、選手層もハマりそうな手応えがあった。片野坂体制でやってきたよりも選手間の距離が遠いぶん、より個々の力が求められることになるが、町田也真人も「このサッカーを極めたら自分自身もすごく上手くなれるはず」と目を輝かせた。鹿児島キャンプイン当日の未明に震度5強の地震に見舞われ、何人かの選手やスタッフの家にも相応の被害が出たため、急遽キャンプは延期となり日程が短縮されたりもしたが、それでも「トレーニングは出来ているから大丈夫」と笑顔で取材に応じることが出来るような状況だった。開幕前に一般公開されたトレーニングでも、紅白戦を見るかぎり、戦術浸透は順調に進んでいるように見受けられた。

だが、4シーズンぶりのJ2での戦いに士気を高めていた開幕2日前、チームはアクシデントに見舞われる。チーム内で複数名の新型コロナウイルス感染が確認されたのだ。翌日には多くの選手とスタッフが濃厚接触者に認定され、1週間のチーム活動停止へと追い込まれた。そのためリーグ戦とルヴァンカップ・グループステージ両方の第1節が開催延期となり、その試合がリスケジュールされて、当初は5連戦スタートだったところがなんと11連戦というとんでもない日程に書き換えられる。11連戦後は1週空けて9連戦、さらに1週空けて7連戦という過密日程で、チームはシーズン前半のほとんどを連戦で過ごすことになった。

新体制でいきなりこの日程は難しい。選手を入れ替えながら中3日、中2日でやってくる連戦をこなす中では、戦術的なトレーニングはほぼ不可能だ。リカバリーメニューのメンバーと次の試合に向けて練習するメンバーが混在するので、満足に紅白戦を組むことも出来ない。対相手戦術をミーティングで落とし込み、グラウンドでは立ち位置を確認するのが精一杯だった。

怪我人も続出した。もとより昨年の天皇杯から今季の始動までのオフが短く、昨季の疲労が解消しきれていないところに、いきなりの過密日程。さらには指揮官交代によって求められるプレーも変わり、フィジカルトレーニングのメニューも変わった。おそらく連戦中は怪我人が多く出るだろうとフィジカルコーチは予想していたが、ここを乗り越えなくては新しいサッカーへの挑戦もはじまらない。指揮官自身も、初めてともに仕事をする選手たち個々の連戦における耐久性を把握するのに時間を要した。リハビリメンバーが増え、トレーナーもフル稼働。試合によっては戦力をかき集めるようにして、そのメンバーで可能な最善策をと戦術をアレンジしながら戦い続けた。

水曜日に初夏の陽気の大阪でルヴァンカップを戦い土曜日には極寒の岩手でリーグ戦に臨んだり、それぞれ中2日の間隔で4試合を戦ったりと、通常では考えられないスケジュールだ。戦力が揃わずプレシーズンに準備していた4–3–3では戦えないこともあった。戦術的な課題が出ても修正する余裕がないまま、次の試合に向かわなくてはならない。

そんな具合なので勝点もなかなか積めなかった。攻撃志向は目に見えるかたちで発揮して得点は出来るのだが、守備面に課題が出て失点し勝ちきれない試合が続く。ようやくシーズン初白星を挙げたのは公式戦8戦目、リーグ第6節の琉球戦だった。中2日でのタフな連戦が続いていた第4節のV・ファーレン長崎戦には1–4で大敗し、J3降格圏の21位にまで順位を落としていたが、第7節のベガルタ戦にも勝利して、11連戦を終えた時点で15位にまで回復した。

連戦の切れ目のわずかな時間に守備の課題を修正したり、そのときどきで好調なメンバーを最大限に生かすためにシステムを変更したりと、綱渡りのような日々だった。誰かが負傷から復帰すれば別の誰かが離脱するという野戦病院状態で、毎試合メンバーが入れ替わる中、工夫を凝らすコーチングスタッフもそれに対応する選手も、コンディショニングやリハビリに全力を尽くすメディカルスタッフも、あとから振り返ればとんでもない過酷さを強いられていたと思う。

11連戦後の9連戦、そして7連戦と、とにかく試合をこなすことで精一杯という状況を乗り越えながら、だが、下平はチームが抱えるもっと本質的な、根の深い問題に気づきはじめていた。

落とし穴から抜け出すための荒療治

「選手が試合中、上手く行かないときに『シモさんどうします？』というふうにこっちを見ることがやたらと多かったんだよ……」

シーズン終了後に、下平はあらためて当時の困惑を明かした。

試合に向けたミーティングとトレーニングで落とし込んだ対相手戦術が実際の試合では上手くハマらないというケースは多々ある。相手が想定外の戦い方をしてくることもあれば、見込みとは違っていたということも起きる。相手がこちらの出方を見て試合中に修正を施せば、それも予想して当初準備していたファーストプラン、セカンドプランでは補えなくなってくることも多い。そういうときにはピッチにいる選手たちが相手と駆け引きしながら修正していくのが通常のあり方だと、下平は考えていた。だから戦術の大枠や相手のウィークポイントなどは伝えるが、そこから先は選手の判断に委ねている。

試合中に「これで合ってますか……?」と自信なさげな視線でテクニカルエリアを見つめてくる選手たちを見て、下平は違和感を禁じ得なかった。

だが、選手たちにしてみればそれは自然なことだったのだ。

前年まで6シーズンにわたって指揮を執った片野坂監督は、緻密にデザインされた戦術でゴールまでの道筋を美しく描き出す戦い方を続けてきた。ゴールキーパーからスタートするビルドアップ時の立ち位置やボールを動かす道筋、相手をいかに引き出してスペースを空けそこを誰がどう使うか。その美しい設計はしばしば見事なゴールシーンを生み出し、スタンドの観客を沸かせた。そして、それを体現させるためにテクニカルエリアをはみ出さんばかりにして大きな身振り手振りで指示を送る指揮官の姿は、その躍動感や一所懸命さでファンやサポーターの心を掴み、Jリーグ名物ともなった。

そうやって戦っていたチームがほとんど顔ぶれを変えずに別の指揮官の下で戦うことになったとき、それは起こるべくして起きた事案だったのかもしれない。同じように後方からビルドアップする攻撃的なポゼッションスタイルを志向している両指揮官だが、チームの作り方や攻撃の組み立て方に関するアプローチは真逆と言っていいほど異なっていた。

「チームとしてのプランはもちろんあるけれど、ピッチに入れば当然、ジャッジしてプレーしていくのは選手。ゲームの中で自分たちがどれだけ合わせて戦えるか。監督は方向性を示してくれるけど、示したもの以上のものを中の選手が出していかなきゃいけないと、僕は現役の頃から思っていたので」

指揮官の指示を仰ぎつつ組織的にプレーすることに慣れていた選手たちの実態に気づいて、下平は「これはいろんなものを捨てさせなくてはならない」と考え、大胆な荒療治に打って出た。

戦術理解力が高くゲームの中で賢く立ち回れる選手をメンバーから外し、代わりに経験値が低く多少荒削りでも勢いと走力のある選手を起用する。前線から激しくプレッシングさせることで守備の強度を高めるとともに、チーム全体に活気をもたらそうとしたのだ。外から見れば単なる戦術変更にともなう戦力起用の変化とも取れたが、指揮官の意図はそれだけにはとどまらなかった。

なにより選手たちが無性におとなしい。ロッカールームも静かだし、練習中や試合中にも大きな声を出す者が少なかった。静かに粛々とメニューをこなし、必要に応じてグループで戦術的なすり合わせのために対話する程度だ。ゴールを奪っても全員で喜び合う場面が少ない。クールなゴールセレブレーションの後、淡々と試合に戻っていく。そういう選手たちだから、試合でなかなか結果が出ずにいると、グラウンドはますますお通夜のような雰囲気になってしまう。

「みんなもっと声を出そう！　盛り上げていくぞ！」

選手たちの殻を破らせなくてはと、下平は自ら率先して体を張った。大声で笑い、ふざけ、感情表現を解き放っていく。内容は何でもいい。まずは表現することを習慣づけてから、その上で、コミュニケーションの内容と質を高めていく意図だった。

突然ハジけはじめた指揮官の様子に最初は選手たちも戸惑いの表情を見せたが、間もなくその狙いとするところを理解したベテランたちがそれに乗ってくれた。若手選手をイジって開放的な空気感を生み出し、何でも言い合える関係性を築く。あの場面ではもっとこっちにパスを出してほしかったとか、相手選手が曖昧な立ち位置を取るのでここからはお前がケアしてくれとかいった具体的なコミュニケーションが、徐々に活発化した。夏の補強で金崎夢生を獲得したことも大きかった。「勝つためなら何でもやる」と自ら宣言する金崎のプレーは、13シーズンぶりに戻ってきた古巣のチームに、勝者となるべき者のメンタリティーを教えてくれるようだった。

21位に低迷していたチームのV字回復

こうなってくれれば話は早い。最初に下平が期待したとおり、片野坂体制で確立した戦術的地盤が生きてくる。ようやくチームの基礎の整備に着手できたのは長期連戦が終わってからで、すでにシーズンは半分を過ぎようとしていたが、そこからのチームは前半戦の出遅れを取り戻すように、全力で巻き返し続けた。

戦い方のベースが整ってくると、再び戦術的要素を強めていく。そのバランスの中で若手選手が育ち、ベテランが新たな側面を見せたりもした。守備面の課題は残り、もったいない失点で勝点を取りこぼした試合もいくつかありつつ、チームは就任当初に下平が描いていた青写真とフォーメーションは異なるものの、攻撃的な色合いは少しずつ近づいていった。せっかく調子の上がってきた選手が新型コロナウイルス感染や負傷などで再び離脱を余儀なくされたり、対戦チームでのクラスター発生によるリスケジュールに遭ったりといったアクシデントは相変わらず尽きなかったが、シーズン前半戦に比べればぐっと上手く循環しはじめたチームは、メンバーを入れ替えながらも着実に勝点を積み上げた。

下平が昨季、志半ばにして離れることになった横浜FCとの第40節。他会場の結果も絡みながら、横浜FCはJ1自動昇格、トリニータはJ1参入プレーオフ圏内が確定するという状況でのマッチアップとなった。先制し、追いつかれ、もう一度突き放してまた追いつかれというう手に汗握るシーソーゲーム。最後にプランどおりの選手交代がハマって勝点3を掴んだのはトリニータだった。72分、自身がプロデビューした古巣のゴールへと、野村直輝の豪快なシュートが突き刺さる。「打った瞬間に入ったと思った」という劇的決勝弾をものにした男は、トリニータのゴール裏へ向かって全力で駆け出し、それを迎えたサポーターと追いかけたチームメイトたちに揉みくちゃにされた。

一時は21位にまで低迷したチームが、苦しみながら這い上がって掴んだJ1参入プレーオフ行きの切符。異例の日程で駆け抜けようとするシーズンの、これまでのいろいろな出来事が、みんなの脳裏を去来した。この試合で挙げた3得点のいずれもがスーパーゴール。J1復帰に向かうチームの勢いを象徴するような、ハイテンションなゲームだった。

だが、プレーオフ参戦というひとつの目標を達成したことで、これまでひた走ってきた緊張の糸が切れたのか。ここからもう一段階テンションを高めてプレーオフに臨みたいという残り2試合で、トリニータはまさかのイージーミスからの失点で自滅し、2連敗でリーグ戦を終える。4位・ロアッソとの順位転覆にわずか勝点1届かず下位チームとして1回戦に挑むことになった上に、リーグ戦ラスト2試合での急激な失速感が気掛かりだった。

その嫌な空気を払拭することも意図して、下平は大きな決断を下したのだ。いずれにしてもリスクは生じるし、絶対に結果が出る方策など存在しないこともわかっている。その中で最も勝利の可能性が見込める戦い方と、それを体現するためのメンバーを、指揮官は覚悟をもって選択した。

決戦を前に、えがお健康スタジアムのスタンドは、ホーム側の赤とアウェイ側の青、それぞれのチームカラーで見事に染められている。この一戦のためにトリニータのサポーターたちが夜を徹して手作りで準備したコレオグラフィーが、アウェイでの戦いを力強く後押しした。試合を中継するNHK大分のスタジオでは、ゲスト解説者として駆けつけた片野坂も下平トリニータを応援している。

プロ３シーズン目の弓場は、クラブハウスを出発するときに、アカデミーの大先輩でもある梅崎と固いハグを交わした。

「次につなげてくれ」

メンバーから外れた悔しさを胸に仕舞って言った梅崎の思いも背負って、ピッチに立つ。

「大分に残っているみんなのためにも、絶対に勝って帰る」

美しくひろがる秋の空の下、赤に挑む青の戦いがはじまった。

作戦的中で躍動するチーム

試合開始から20秒足らずだったか。キックオフを務めた中川がゴールキーパーの高木にまで戻したボールは、ロアッソの積極的なプレッシングを誘いつつ複数名が絡みながら素早く前線へと運ばれ、伊佐の渾身の先制弾へと結実した。まさに電光石火、Ｊ１復帰への思いをまるごとぶつけたかのようなゴールだった。

下平の描いた作戦に則ったトリニータはその後も一体感あふれる戦いぶりを見せる。走力のある前線の選手たちが勢いよくロアッソのビルドアップにプレッシャーをかけ、中盤では弓場と保田が相手のゲームメイクのキーマンとなるアンカーの河原とトップ下の平川怜の自由を奪う。アグレッシブな守備からボールを取ると迷いなくシンプルに前線へ。これがリーグ上位のボール保持率を記録してきたチームの戦い方なのかと目を疑うほどの吹っ切れっぷりだった。

徐々に試合が落ち着く中で、まずまず狙いどおりの前半。たゆまずに続けるプレッシングはロアッソのパスワークを封じ、そのスタイルを出させずにいた。特殊な立ち位置を取るロアッソもまた、トリニータのボールホルダーを2人で素早く挟み込みに来るのだが、トリニータはそれをかいくぐって果敢に相手陣へと攻め上がった。

そんな前半に幾度か築いた決定機で追加点を取れていればと悔やまれる。相手守護神のファインセーブやゴールポストに阻まれて、試合は1−0のままで折り返した。

ビハインドになっても戦い方を曲げないのがさすが大木監督のロアッソだ。後半はトリニータのマンツーマン気味の守備に対し、ポジショニングを修正しながら少しずつ流れを手繰り寄せる。後手に回ったトリニータの守備陣が体を投げ出して相手のシュートを掻き出す場面も見られるようになった。

プレッシング命の戦法を採るトリニータにとって、疲労による息切れを避けるのは難しい。それも鑑みて下平は、ベンチメンバーを選んでいた。だが、やはりサッカーは正直だ。残念ながらチームの練度の差というべきか、試合終盤にかけての選手交代が狙いどおりに機能したのはロアッソのほうだった。次第にオープンな展開になる中、トリニータは交代選手がオーガナイズの精度を欠く。一方のロアッソはフレッシュな戦力が躍動した。その結果、トリニータの最終ラインへの負荷が高まり、流れはロアッソへと傾く一方となる。それでもあと数分をしのぎ切れば、トリニータの勝ち抜けは決まっていたのだ。

87分、相手のロングフィードに空中戦で競り負けると、そのこぼれ球もクリアし損ない、同点弾を叩き込まれた。このままではトリニータは敗退となる。下平は即座にさらに2枚のカードを切り、センターバックのペレイラを前線に上げてパワープレーへと切り替えた。投入した長身フォワードの長沢駿は怪我明けで、無理を押してピッチに送り出した状態だ。一方で、じわりと守備を固める選手交代で時間も使うロアッソ。アディショナルタイムは5分の表示。

バランスを崩してでも得点しなくては勝ち上がれない。そのバランスを崩したところを突かれて90＋2分、2失点目を喫した。残り時間を考えてもここから2得点して追いつくのは難しく、試合の大勢は決した。それでも諦めずに攻めたトリニータは最後に1点を加えるが、試合は2-2で終了。トリニータの2022年シーズンは、1年でのJ1復帰という目標を達成できずに終わりを告げた。

禍福はあざなえる縄のように

「単純に、自分の実力が足りなくてメンバーに選ばれなかった。悔しい気持ちはあります。いや、非常に悔しかった。キャプテンという立場としてもそうですし、ひとりの選手としてもその場に立てないということに対して、自分の不甲斐なさに本当に腹が立ちました。悔しい気持ちで、でも勝ってほしいと思いながら、試合中継の画面を見ていました。僕が上から言うようなことではないですけど、出ている選手たちはみんな、求められていることを、練習で取り組んでいることも含めてやっていたと思います。その中で勝てなかったので、試合に出ていた人だけではなくチーム全員が実力不足。たくさん試合が来る中で、ひとつひとつを大事に戦ってきたつもりではいましたけど、なかなかすべてに100％パワーを注ぎ込みきれなかったところもある。そこに理由を求めるのは簡単だけど、単純に僕自身としてもグループとしても、それを乗り越えるだけの力がなかったのかなと思います」

シーズン終了後5日目に、インタビューに応えて下田は静かに胸のうちを吐露した。ロアッソに対して思い切った一発勝負に打って出た下平の選択は、あとから振り返っても理にかなっていたと思う。

「でも、結果が出なかったですからね……」

指揮官は肩を落とした。確かに、このシーズンでのJ1復帰を逃したことは、トリニータにとっては非常に大きな痛手となる。次のシーズンもJ2にとどまらなくてはならないことで、大幅な予算削減や選手の入れ替わりは避けられなくなった。

それでも、西山哲平ゼネラルマネージャーは下平の仕事を評価する。

「就任した直後からあれだけの過密日程で、本当に大変だったはず。その中でシーズン後半はよく立て直してここまで高めてくれました。監督の持ち前のポジティブさがなかったら、今季は乗り越えられなかったのではないかと思います」

監督業は決断を迫られることの連続だ。その決断の招いた結果が、自らのみならず、周囲の人々の人生をも左右しかねない仕事でもある。望まないかたちでシーズンを終了した後、解団式で下平は、すでにチームを去ることが決まっている選手とスタッフに労いの言葉を贈った。

「この1年、いいときもあったしつらい時期もあったと思う。メンバー外になったときにも、みんな集中してトレーニングを続け、変な空気感を出さずにいてくれたことに本当に感謝しています。チームは離れてもサッカー仲間としては変わらないので、どこかで会ったり対戦したりするときはお互い気軽に話しかけるような存在でいよう」

2023年は年明け早々の1月5日に始動し、2シーズン目を迎えた指揮官は、のびやかにそのスタートを切る。

「今季は僕の指示を待つのではなく全員に当事者意識を持って自発的に考えてもらいたくて」

スタッフや選手、さらにはフロントも巻き込んでチームを作っていきたいという思いを込めて「共創」というキーワードを掲げた。予定では前年のような過密日程もなく、キャンプも順調。だが、リーグ戦がはじまればおそらくまたさまざまな課題に直面するに違いない。

苦しいことのほうが多いけれど、それでもサッカーは続いていく。続いていく中でときどき、大きな歓喜にたどり着けることもある。立つべきテクニカルエリアがあるかぎり、禍福はあざなえる縄のように絡み合う。

大砲から大樹へ

高木琢也

試合開始直前、白紙にしたゲームプラン

２０１７年11月11日、Ｊ２第41節。

Ｖ・ファーレン長崎はクラブ初のＪ１昇格を懸けて、好調のうちにシーズン終盤を迎えていた。５位で臨んだ第30節を起点に怒涛の５連勝、その後３つの引き分けはあったが現在も２連勝中で、ここまで11戦無敗。前々節には自動昇格圏内の２位に浮上した。

故郷のクラブで５シーズン目を迎えた指揮官・高木琢也は、この日も通常と変わらず試合前ミーティングの準備を進めていた。チームを率いて１年目の２０１３年と３年目の２０１５年にＪ１昇格プレーオフをいずれも準決勝で敗退しており、今度こそ、出来ることなら２位のまま逃げ切ってＪ１へのストレートインを果たしたいところだ。今季は首位を独走する湘南ベルマーレが自動昇格枠のひとつを早々に埋め、残る１枠を３チームが争っていた。３位の名古屋グランパスと４位のアビスパ福岡は勝点72で並んでおり、Ｖ・ファーレンとの勝点差はわずか２。今日を入れて残り２節、ひとつ勝点を取りこぼせばこのヒリヒリした競争から脱落する可能性が、まだ残っている。わずかな緩みも許されない。

いつもどおりメンバーを集め、今節のカマタマーレ讃岐戦の狙いを伝えるための映像を準備していたとき、手元のスマートフォンがＬＩＮＥの着信を告げた。

「えっ」

高木の口から思わず声が漏れる。それは友人からの励ましのメッセージだった。

「おい、今日勝ったら俺たち昇格決定なのか」

隣でミーティングの準備をしていたコーチに確認すると、そうだと言う。どういうシチュエーションであれ、高木はこれまで他会場の試合経過や結果の情報を入れずに、それとは関係なく自チームの勝利を目指してきた。そんなボスのやり方を熟知しているスタッフたちはこの日も息を潜めるように平静を装っていたのだが、ミーティング開始5分前に届いた一通のLINEメッセージが、衝撃的な事実を指揮官に伝えることになった。

19時開始のV・ファーレンの試合に先駆けて14時にキックオフしたライバルチームの試合。まず3位のグランパスがジェフユナイテッド市原・千葉に0-3で敗れ、4位のアビスパも終盤に追いつかれて松本山雅FCと引き分けた。グランパスが勝点72のまま4位に沈み、アビスパが勝点を73に伸ばすにとどまったことで、今節、V・ファーレンが勝点を77に伸ばせば、クラブ史上初のJ1昇格が確定する。

そんな状況になっていたのか。

高木は綿密に準備していたミーティングの内容を、開始直前に白紙に戻した。

「もうみんなもわかってると思うけど、今日勝ったら自動昇格が決まる。だから、思い切ってやれ。主役は自分たちだ」

選手たちにはシンプルにそう伝えた。今節、ナイトゲームはこのカードだけだ。自動昇格の希望をつなぐためにV・ファーレンの負けを願っているライバルチームのサポーターのみならず、昇格争いの行方に注目するすべてのJリーグファンが注目している。

「思う存分やってくれ」

そう言って選手たちをピッチに送り出した。

このシーズン最多の2万2407人の観客を集めたトランスコスモススタジアム長崎で躍動した選手たちは、27分に先制し、62分に一度は追いつかれたものの、73分と82分に追加点を挙げ、安定した戦いぶりで快勝。ホーム最終戦を見事、J1自動昇格という最高の結末で飾ったのだった。

新人監督が見せた予想外の快進撃

高木にとってはこれが、指揮官として2度目のJ1昇格だった。

1度目は2006年にまで遡る。それは高木が初めて監督としてテクニカルエリアに立ったシーズンだ。

思い起こせばそのスタートも、思いがけないかたちで訪れた。

「明日の昼までには決断してくれ」

この年からコーチとして横浜FCにやってきた高木がクラブ幹部からそう告げられたのは、

すでに夕方だった。予期せぬ監督就任オファーに頭が真っ白になる。なにしろシーズンはまだはじまったばかりで、アウェイで開幕の愛媛FC戦を終えて帰ってきたところだ。その開幕戦に0−1で敗れたことをきっかけに、クラブはチーム始動1ヶ月という早い段階で、足達勇輔監督の解任に踏み切ったのだった。

高木にとっては青天の霹靂だ。昨年、S級ライセンスの取得中に、新たにJリーグ入りを目指す体制を整えたV・ファーレン長崎から監督就任の打診を受けたことはあったが、プロでの指導経験を持たない高木には決断することが出来ず、そのときはテクニカルアドバイザーという立場で故郷のクラブを支えることを選択した。ようやくプロ指導者の道を歩みはじめたのはつい先日のことだ。このとき高木は38歳。チームには現役プレーヤーとして、1年先輩の三浦知良や37歳の山口素弘もいる。キャプテンは31歳の城彰二。現役時代には恵まれた体躯を誇るセンターフォワードとして華やかな実績を積み、日本代表でも中心選手となって、その豪快なストライカーぶりで「アジアの大砲」との異名を取ってきた高木だが、指導者としてはまだ駆け出しで、どういう立ち居振舞いをすればいいのかもよくわからない。現役時代に数々の監督たちを見てきた中で、その責任がいかに重いかは、いやというほど肌で感じていた。難しい仕事だし、怖さもある。心の準備さえする間も与えられずに、おいそれと決断できる話ではなかった。

及び腰になっている高木の背を力強く押したのは、当時の横浜FCのコーチングスタッフたちだった。同い年のＧＫコーチをはじめ、メディカルスタッフも含めて年齢の近い者ばかりだ。

「とにかくやれよ。俺たちがサポートするから」

相談した仲間たちにそう言われて、腹を括った。決めたからにはやるしかない。いずれはと志していた道ではあったが、自ら想定していたのとは全く異なるタイミングで、高木は監督としての第一歩を踏み出すことになった。

開幕早々の監督交代、しかも後任は指導未経験者という異例の事態。サポーターからはクラブの見通しが甘いのではないかという批判の声が上がり、高木の初采配となった第2節のサガン鳥栖戦は、ホーム開幕戦であったにもかかわらず、横断幕も声援もない〝応援拒否状態〟で開催された。

なんともプレッシャーのかかる初陣となったが、その試合をスコアレスドローで乗り切ると、新体制のチームはその後、誰もが予想しなかった快進撃をはじめる。

第3節の徳島ヴォルティス戦は1－1のドローだったが、第4節からは4連勝と波に乗り、第12節からの3連勝も含めて第18節まで無敗。就任以来15試合負けなしという、新人監督の率いるチームとは思えない好成績を叩き出した。

三浦が39試合出場6得点、城が43試合出場12得点と2トップの活躍も光ったが、なにより躍進を支えたのは堅守だった。高木が指揮を執ったリーグ戦全47試合のうち、実に25試合が無失点。第11節からは7戦連続クリーンシートで、シーズンが終わってみれば26勝15分6敗。最終節を残してＪ２優勝とクラブのＪ１初昇格という偉業を成し遂げていた。

Ｊリーグ創成期を華々しく彩った大型ストライカーの指揮官デビューとしては、この上ない戦績だ。この年、イタリア代表の「カテナチオ」をもじって「ハマナチオ」と名付けられた堅守は、翌年挑戦したＪ１では残念ながら個々の戦力差を埋めるまでには至らず、高木も８月の第22節終了後に解任されたが、その後の長きにわたるキャリアを見渡せば、あの日「やれ」と高木の背を押したスタッフたちの功績はあまりに大きいと言えるだろう。高木自身も「僕の人生においてもベストと言える決断だった」と、それを振り返っている。

故郷のクラブで起こした奇跡

そうやって横浜ＦＣで監督としての日々をスタートして以来、東京ヴェルディでコーチを務めた２００８年を除いてほぼノンストップで、現場の最高責任者として、高木は厳しい勝負の世界に身を置いてきた。いくつもの勝敗を重ね、昇格と降格、シーズン途中での就任や解任も経験している。

他の多くの指揮官たちがそうであるように、高木の歩んできた道もまた、平坦ではなかった。横浜ＦＣの監督を解任された翌年は、Ｊ１復帰を果たした東京ヴェルディで柱谷哲二監督の下、コーチを務める。その年にＪ１残留を果たすことが出来ずに柱谷が退任すると、２００９

年は高木が指揮を執ることになった。折しも親会社の日本テレビの経営不振により予算が大幅に削減されたシーズン。一度は契約満了とした選手たちと再契約するなどして戦力こそ整えたものの、クラブの身売りの話が持ち上がったり胸スポンサーが撤退したりとピッチ外の事情が賑わしく、チームも最初は敢闘していたが徐々に順位を落としてしまう。9月に日本テレビが経営から撤退し、10月には高木が解任された。

2010年にはロアッソ熊本の監督に就任。堅守をベースにしたカウンター戦術がハマり過去最高の7位でフィニッシュすると、2012年シーズン終了までロアッソを率い、高木のその後のスタイルのベースとなるものを築いた。

2013年にはJ2に昇格したV・ファーレン長崎へ。かつて指揮を執ることを望まれた故郷のクラブへの凱旋だ。監督としての経験を積んで、高木としても一肌脱ぎたい思いがあった。昇格初年度ながら第4節のカターレ富山戦から11戦無敗で一時は2位に浮上すると、その後も上位をキープ。J1昇格プレーオフは準決勝で京都サンガと引き分けて敗退したが、地元出身指揮官の采配による手応えに、地域は大いに盛り上がった。

2015年にもプレーオフにまでは進出しながら準決勝でアビスパ福岡に敗れ、このチームで3度目の昇格争いを制したのが、2017年だ。開幕前に経営問題が明るみに出た、クラブとしては苦しいシーズンだった。運営体制が二転三転した挙げ句、最終的には地元企業のジャパネットホールディングスの100％子会社となることで落ち着いたが、シーズン半ばにまで及んだフロントの窮状に耐えながら、チームは好調を維持。混戦のリーグ戦でデッドヒートを繰り広げた末に、高木はついに故郷のクラブを国内最高峰のカテゴリーへと押し上げた。

２０１８年は横浜ＦＣを率いていた２００７年以来、自ら育てたチームで2度目のＪ１チャレンジ。だが、ここでもやはり戦力差を突きつけられ、残留を遂げることは叶わず。

２０１９年は大宮アルディージャを率いて3位でＪ１参入プレーオフに挑み、初戦でモンテディオ山形に敗れる。コロナ禍に見舞われた翌年は勝点を積めずに苦しみ、２シーズンでチームを離れた。２０２１年6月、Ｊ２昇格初年度にして最下位で喘ぐＳＣ相模原の監督に就任するも、浮上できずにＪ３降格。翌年もコロナ禍の影響が続く中、５月に解任されるまで指揮を執った。

監督業に就いて以後、率いた6チームで、高木が採用した基本フォーメーションはほぼ一貫して3-4-2-1だった。ただ、形は変わらずともその内容は刻々と変化している。攻撃陣に走力のある選手が多いチームでは前線からのマンマーク気味の守備で相手を阻んでいたし、相手のフォーメーションとの噛み合わせによっても立ち位置を変化させた。Ｖ・ファーレンでＪ１にチャレンジした２０１８年は相手にプレッシャーをかけやすいようにとプレシーズンに4バックシステムを仕込んだこともある。ただ、それを公式戦で採用したのはシーズンも終盤になった第31節のサガン鳥栖戦のみだった。高木はその意図をこう明かす。

「3バックだとどうしても相手に引っ張られてしまったり、ウイングバックが相手の前に入っていくときに時間がかかってしまったりというところがあって、4バックも練習しておこうと。それで、キャンプのほとんど7割くらいは4バックの練習をやったんです。でも、ちょっと3バックでもやっておかないといけないなと思って、蔚山現代との練習試合を3バックでやったら、めちゃくちゃいいゲームをして。あ、やっぱりこっちのほうがいいのかなと、また3枚でやるようにしたんですよね。鳥栖戦は、相手にレベルの高い選手がいたので後手に回らないように、前線からプレッシャーをかけて行けるところまで行きたかったんです。相手も多分、うちが3バックだと想定していたと思うので、ちょっと変化をつけたいという意図もありました」

指揮官としての生態

そんなふうに基本形は変えていないが、現代サッカーのトレンドや戦術に関する探究には人一倍、労を惜しまない。9時半からトレーニングする日は大抵、7時にはクラブハウスに行き、帰るのは早くても20時。練習後はほとんどスタッフルームにこもりきりで、選手に見せるための映像を作ったり、国内外のリーグを毎日数試合ずつチェックしては参考になるような場面を探したりしている。

トレーニングや試合での試みも日々、ノートに記録し、それが適正なオーガナイズであったかどうかと、ときどき読み返す。選手たちに刺激を入れようと新しいメニューにトライしたときには、それに対する反応も逐一、書き記してきた。試合中にもしばしばメモを取る姿が見られるとおり、とにかく細かく書いて残す監督というイメージだ。

そんな高木の〝指揮官としての生態〟への興味を抑えきれず、インタビューの最中に少し横道に逸れて、試合後の記者会見などでは聞けないような現代サッカー論に関する質問をぶつけてみた。

＊

——高木さんの戦いぶりからは、つねに国内外のトレンドを俯瞰して緻密に分析している印象を受けます。長年の監督生活の中で、どういうふうに御覧になってきたのですか。

「僕が監督になった頃は、いろんな指導者がいて、いろんな色のチームがあったんです。それは当時、海外のトレンド的な要素を伝えるものがあまりなかったことも原因のひとつだと思います。いまは映像や記事など、いろんなメディアが発達してみんなが情報を手に入れられるようになって、それはいいことなんですけど、全体を見ていると、みんながそのトレンドに近づこうとして、似たような色に染まっているイメージがあるんですね。同じことをするチーム同士が対戦すれば、どうしても選手の質の高いほうが勝つ可能性が高くなる。そういう流れをいま、なんとなく感じています。

当然、トレンドも踏まえなくてはならないと思いますが、その中で独自性を出しているチームが、見ていて面白いサッカーになっている。いままであればロアッソ熊本ですね。Ｊ１ではサガン鳥栖がそれに当てはまるように思います。

いまは世界中のみんなが同じ本を持っている時代。その本の一言一句を変えながら、意味は同じだけど違う表現で文章を作れるか作れないかというのが、多分これからの監督に与えられる課題なんじゃないでしょうか」

——トレンドがいろいろ変わる中で、監督の独自色はどのように表れてくるのでしょうか。

「いま風な言葉で言うと、ゲームモデルとかプレー原則。そういった、選手に与えるガイドブック的な要素はつねに持ち歩いていなくてはなりません。それをブレないものとして必ず持っている上で、チームが変われば、特に選手の力量によって、サブ原則というようなものを少しずつ変えていく必要が出てきます。システムも含めて、その時代に合ったかたちであったり、このチームにとって、そして相手チームに対して何が有効かということを含めて、柔軟にやっていくことが大事なんですね。

僕もいまはつねにその〝本〟を持ち歩いていますよ。監督になったら、それは脇に置いといていいんです。でも僕はいまフリーなので、どこにでも行けるように、持ち歩いています」

——試合中にもしばしばメモを取っている姿を目にしますが、その原理原則の〝本〟も、文字にして書き起こしたりするんですか。

「僕は書くほうなんです。ただ、ノートに書いて見直すことは多少しても、つねにそれに従ってということはないです。大体は頭の中にあるんですけど、細かくなりすぎるとよくないかなと思って。で、これはもうちょっとこうしたほうがいいなと、書き直したり付け加えたりはします。

それを選手に全部見せるかというと、そこまで見せないと思います。ミーティングで選手たちに何度か見せたこともあるんですけど、選手の表情を見ていると、なんだかピンと来ないみたいで(笑)。文字で書いてあると不思議なんだろうなと思います。やっぱりサッカーはピッチで行われるものだから、映像などを使って話しながら伝えるのがいいんじゃないですかね。あとはトレーニングでそういうシチュエーションがあることを練習の中に組み込んでいくやり方で」

——原則って、ごく基本的なことでも、監督ごとに少しずつ違うんでしょうね。

「はい、違います。ちょうど最近、熊本と鳥栖に練習を見に行ったからそれを例に挙げると、どちらもボールは前進しているんだけど、同じボールの進め方ではないじゃないですか。それは大木監督と川井監督の言っていること、伝えていることが違うんですよ、おそらく。それで同じように前進している。それがその人の考え方と色なんです」

——約束事が明確にあることによって選手の自主性の余地が侵される場合もあるのではないかと思うのですが、いかがでしょうか。

「プレー原則の部分はちょっとシンプルにするほうがいいんじゃないかなと、僕も思います。そうしていかないとわれわれ指導者も『こういう原則があるじゃないか』と押しつけがちになることがあるかもしれない。そこは原則に基づいたトレーニングに従った上で、最終的には『守・破・離』だと思うんです。最初はそういう原則的なものを頼りに共通のイメージを描きながら、全体をオーガナイズしていく。そこから実際にプレーする際に、自分で判断してそういうものを破っていきながら、最終的には、いま目指している完成形に対してまた違った出口を作っていく、ということなんじゃないかと。だからプレー原則は、あまり細かすぎるとよくないんじゃないかと思います」

──約束事があって再現性が高ければ高いほど相手に対策されやすくなるのではないですか。

「そこなんですよね。多分、一般的にはそう感じるところだと思います。たとえばマンチェスター・シティ。攻撃のかたちが大体決まっていますよね。ボックスラインからカットインしたら必ず逆サイドの角にインクロスを入れてくる。あそこにボールを入れてくることはみんなわかっているはずなのに、それでもやっぱりやられてしまうんです。トゥヘルがドルトムントを率いていた頃にも、同じようにインクロスで逆サイドに流し込むというのをよくやっていました。僕も当時、長崎でそういうシチュエーションになったときには必ずそこに入れていこうという話をしていて。ちょうどそのときにセレッソからマル(丸岡満)が来たので、彼にドルトムントではどうやっていたのかを聞いたんです。そしたらやっぱりそれは必ず狙うという原則だったと。

そうやってそこに入れてくるのがわかっていても、やられちゃうじゃないですか。だからあとはタイミングなんだろうなと。質の高い選手がいるチームは相手の守備組織を上回れるんですけど、日本の多くのチームでは守備力のほうが上回ってしまう。ワンランク下のチームが同じことをやっても、抜けていくボールが多かったりしてなかなか決まらないんですね。だからそういうチームは、ちょっとひと工夫していかないといけないんじゃないかなと思います」

——ちなみに最近はどんなチームを特に御覧になっているんですか。

「僕はいま、テンポよくボールを動かしていくチームの試合をよく見ていますね。ラツィオとかブライトンとか」

——テンポよく動かすコツって、何なのでしょうか。

「ちょっと難しいんですが、最近は『相手を見る』ということがよく言われますよね。でも、相手を見ることと自分の次のプレーを認知することを同時にするのって難しくないですか。だから僕は、相手を見ろと言いすぎると、ボールはなかなかテンポよく動かないと思っていて。とにかくボールを動かしていけば相手は動くので、そうやってズレ感を生み出すことが大事なんじゃないかと思うんです。要するに、状況を見ようとして止まってしまうと相手からターゲットにされやすくなる。そうではなく、相手が来る前にどんどん動かしていけば、相手のアプローチがちょっと遅れ気味になってズレが生じていくんじゃないか。そしてボールは前に進む。

それを、結局みんなが共有していなくちゃいけないんですけど。まあ、ボールを回すために必要なのはそれだけじゃないんですけどね」

流れを変えた島原のミラクル

テクニカルエリアに立っているとき、高木はほとんど表情を変えない。試合中にはあまり大きく動かない指揮官だ。

それは2006年、まさかの展開で監督という責務を負うことになった日に、これだけは絶対に揺るがずにやると決めたことだった。

「何があっても表情を変えない」

得点時や勝利が確定したときには喜びをあらわにするが、特に試合がイメージどおりに運ばない時間帯や失点したときには、選手たちへの影響を考えて、努めて無表情を貫くようにしている。

現役時代に幾度も披露した豪快なゴールシーンのイメージとは裏腹に、高木はつねに選手たちの心理状態に細やかに気を配っていた。トレーニングに新しい要素を取り入れて刺激を与えたり、メンタル的な疲労を考慮して負荷を調整したりといった、細かい手綱捌きの積み重ねで日々を紡いでいく。

2017年J2リーグ戦終盤、V・ファーレンがクラブ初のJ1昇格を懸けて戦っていた時期、試合後のインタビューでは特に慎重に言葉を選んでいる様子が見て取れた。チームは連勝記録を伸ばしながら好調だったが、その勢いをコメントでも引き出そうと水を向けるインタビュアーを前に、高木は強い意志の下に平静さを保ちながら、昇格争いの経験を持たない選手たちに極力プレッシャーを与えないようにと心を砕いているようだった。

このシーズンもJ2は大混戦。1節ごとにめまぐるしく順位が入れ替わりながら、シーズン終盤に向けて徐々に昇格争いに絡むチームが定まってきた。首位争いは第22節に湘南ベルマーレがアビスパ福岡と順位を入れ替えて独走態勢に入り、以降も2チームが自動昇格圏をキープ。V・ファーレンは数チームと激しく競り合いながら上位に食い下がっていた。連続して勝点を取りこぼせば昇格争いから脱落してしまう。息切れせずに勝点を積み続ける粘り強さが問われる中、勝点4差で追ってくる東京ヴェルディとアウェイで対戦した第29節、V・ファーレンは痛恨の黒星を喫した。

ここでヴェルディを叩いておけば俄然有利になるという上位直接対決だったにもかかわらず、相手に終始ペースを握られる内容で敗れ、チームには微妙な空気感が広がった。選手たちの自信を無くしたような表情を見て、このままではズルズルと調子を落としかねないと、高木は直感した。

悪い流れはすぐにでも断ち切らなくてはならない。実はこの息詰まる昇格争いの最中に、密かに計画していたことがある。ヴェルディ戦の夜にはクラブに連絡を入れ、休み明けにミニキャンプを行う許可を取った。

キャンプと言っても、クラブハウスから1時間ほど離れただけの島原市内での1泊2日で、トレーニングメニューも通常と同じだ。だが、それは昇格争い中のチームのための、最高の演出だった。地元ならではの人脈と情報網で指揮官が選手たちのために押さえたのは、オーシャンビューのホテル。この夜、その窓の向こうで花火大会が開催されることを、高木は知っていたのだった。

家族を呼ぶことも許可されて、選手たちは大いに盛り上がった。シーズン途中に選手同士でこんなに長い時間をともに過ごす機会はなかなかない。サッカーのことも、サッカーとは無関係な他愛ないことも、相部屋でたくさん話した。

その1泊2日がもたらした効果の絶大さは、その後のV・ファーレンを見れば明らかだ。次の試合から5連勝すると、第33節の大分トリニータ戦の勝利でアビスパと順位を入れ替えて自動昇格圏の2位に浮上。第35節からは2試合連続ドローで再び3位に沈んだが、第38節のグランパスとの直接対決も試合終了間際に追いついて勝点を積み、最後は4連勝フィニッシュ。第39節以降は2位をキープし、第41節、カマタマーレ讃岐戦の勝利をもってJ1自動昇格を掴んだのだ。島原ミニキャンプ後、実に13戦無敗。敗戦のタイミングと花火大会が重なった〝島原のミラクル〟も、高木のマネジメントを後押しした。

潮目を見極める眼

実は２００６年、新人監督ながら横浜ＦＣをＪ１昇格に導いたシーズンにも、高木はイレギュラーにミニキャンプを実施していた。昇格争いに食い込みながら戦い続けていた中で、ちょうど巡ってきた10日間ほどの中断期間。そのときは御殿場で２泊３日、やはりトレーニングも１時間半ほどの午前練習だけで特別なことをするわけではなく、午後はフリータイムとした。ただチーム全員で同じ食事をし、同じ時間を過ごすだけ。11年後にＶ・ファーレンでしたのと同様に、慣れない昇格争いにナーバスになっていた選手たちに、リフレッシュの時間をプレゼントしたのだった。

それ以外にも、高木は時折、いつもとは全く異なる場所へと選手たちを連れ出した。Ｖ・ファーレン時代には毎年、夏になるとペーロン体験をするのが恒例だった。ペーロンはおそらく江戸時代以前に中国から伝えられて以来の長崎の伝統行事で、十数メートルの弓形の細長い舟に二十数名が２列に並んで乗り込み、みんなで漕いでスピードを競う。太鼓や銅鑼の賑やかなお囃子(はやし)にリードされながら「ヨーイサー」という掛け声とともに呼吸を合わせて舟を漕ぐのは、簡単ではないが楽しいことこの上ない。なんとなくチームワークも整ってくる。

「たまたま練習場から１キロほど離れたところに、ペーロン体験の出来る施設があって。そこまでジョギングしていって、ペーロンをして、最後は必ず海に飛び込んで泳いで、バーベキューして帰ってくる。そうやって地域の人とも交流していました。僕が地元出身なので、そういうものがあることも知っていたし、地域の人たちもよくしてくれたんです」

２０１９年から2シーズンにわたって指揮を執った大宮アルディージャでは、同じＮＴＴグループのよしみで、当時のＮＴＴコミュニケーションズラグビー部の練習にお邪魔した。コーチに教わりながら、タックルしたり横並びでパスの練習をしたりしたあと、ゲームも体験する。

「選手だってずっと僕とばかり接していても面白くないだろうし、ときには違うスポーツをやらせて、何かしら刺激を与えることも必要だと思うので。それにラグビーは面白いですよ。戦術的にもサッカーより相当進んでいると感じます。サッカーよりもいろいろと変形していきますし、蹴ることの意味も変化している。大木武さんなんかも昔からそういうことを考えていたようです。ラグビーは縦横の関係性がないとやっていけないんですけど、サッカーもそうなんですよ。簡単に言うと、立ち位置で縦横の関係性が出来ていれば、前にボールを進めていけるということ。ラグビーはポゼッションの競技で、自分たちがボールを持っているあいだはほぼ相手に取られることがありません。トランジションが生じるのはブレイクダウンのとき。ガシャガシャッとなったところで自分たちのボールに出来るか出来ないか、ですね。……いや、僕は選手たちにはただのリフレッシュのつもりでやらせていただけなんですけど」

そう言って楽しそうに笑うが、試合の潮目を見極めるかのようにチームの雰囲気を細やかに察し、ここぞというタイミングで交代カードを切るときと同じく、いま、と思ったときの高木の決断は素早く力強い。監督1年目からそういう資質を発揮していたが、その決断の裏側には、慎重な手つきがあった。

「チームが好調なときは、自分がいまのチーム状態に手を加えることが怖いんですよ。負けなしが続いて、誰が見ても、放っておいてもチーム状態はよくなっている。そこで僕が余計なことをやっちゃいけないなと」

そうやって大事に操ったチームは、シーズン中に必ず、好調の波に乗る。2006年の横浜FCで15戦無敗、2013年のV・ファーレンで11戦無敗、2017年には13戦無敗。その裏にはもちろん、勝てずに苦しむ時期もあるのだが、ひとたび勢いづけば4連勝、5連勝と一気に上向くのが、高木の率いるチームにはよくあった。

「調子が上がると、僕がほとんど何もしなくていいんだろうなという感じになるんです。2017年も、最後に負けない状態になってからはそこまで極めましたね。終盤は僕はもう、特に何も言わなかったです」

記者会見に言葉遊びを持ち込む理由

内心、選手たちともっとフランクに接したいという思いもなくはない。だが、初めて監督となった日以来、自分を育ててくれた国見高校の小嶺忠敏先生や、その先輩でもある大阪商業大学の上田亮三郎先生といった恩師の姿を追って、選手たちと距離を置きながら構える姿勢を貫いてきた。

一方で、そんな自分が少しずつ変化しつつあることにも、高木は気づいている。実際に長男の利弥もJリーガーとして活躍中だが、チームで指導する選手たちが我が子以下の年代になってきた昨今は「なんでも受け入れられるようになってきて、また面白くなるんじゃないかなと思っています」と笑った。

時代が変われば、選手たちの様相も変わる。

「いまは映像を見るときでも、子供たちはすぐに早送りするでしょう。待てないんですね。ミーティング1時間なんて、とても出来ないですよ。それでもたまにやりますけど（笑）。でも、やっぱり短縮していかないと脳に刺激を与えられない。要するに、緊迫感なんですよ。攻めたり攻められたり、ちょっとしたミスが命取りになったり。そういう、綱引きでどちらも譲らない状態が続くゲームは体よりも脳が疲れて相当しんどいから」

そういう展開になった試合では、より具体的な指示をするように心がけている。試合中はコーチングするというよりは、指揮官が投げかけたキーワードのようなものから選手たちが自ら情報を得て周囲に伝達し、共有して戦っていくイメージだ。そういう仕組みを、トレーニングの段階であらかじめ準備しておく。

言葉のセレクトも、選手たちに合わせて変えてきた。敢えて最新トレンドの用語を使うこともあれば、「現代サッカーではこういうふうに言われていたりもするけれど、俺はそういうことはあんまりしたくない」と主張したりもする。

実は高木は言葉遊びのコミュニケーションが好きなのだという。

いつも布陣の最前線にいて、華麗にして豪快な一撃で攻撃をフィニッシュさせては「アジアの大砲」と呼ばれていた現役時代のイメージからはかけ離れているように思えるが、その対話はいつも、細やかなパス交換のようだ。リフティングしているのを見ていたら、突然ボールを託されたというようなこともある。試合後の記者会見では、高木のほうから記者に逆質問を投げかけたり感想を求めたりすることも多い。

「それを知りたいというよりは、言葉遊びをしたいというのがいちばんなんです。いいことも悪いことも含めて言葉遊びをするのが、あの場だと思ってるので。負けたチームはただ責められるような質問ばかりで、監督さんの側もほとんど会話にならない。これじゃダメだ、勝っても負けても会見ではちゃんと話をしなきゃいけないなと思って」

そんな高木がスカパー！で解説を務めていた頃に、強烈に印象に残っている記者会見がある。クラウディオ・ラニエリがチェルシーFCを率いていた2003-2004シーズンのチャンピオンズリーグ準決勝、チェルシーのホームでのモナコ戦。解説のため現地でトレーニングから取材していた高木は、この会見で、イタリア生まれの巨匠に深く魅了されることになる。

ラニエリが予定より少し遅れて会見場に入ってくると、監督用マイクを調整していた各局の

ＴＶクルーたちが蜘蛛の子を散らすように一斉に机を離れ、それぞれの持ち場へと戻った。その様子を見たラニエリは第一声、こう笑ったのだ。

「なんなんだ！　きみたちはシャークか！」

その後に「お待たせして申し訳ない」と続けて会見がスタートしたのだが、そのワンシーンはいまも強く高木の印象に残っている。

「僕が惹かれるのはサッカーというよりも、ユーモアと強さだと思ってるんですよね。いつもユーモアを前面に出している人にはそれほど惹かれたりはしないんですけど、強いなと思っている人がたまにお茶目な表情を見せたりすると、そういうものに惹かれたりします。ユーモアと強さを兼ね備えている人は、いい感性を持っているんじゃないか。僕もそういうのを理想としているんです」

まさかのギャップ萌え体験について明かしてくれたかたちだが、Ｊリーグの番記者たちからしてみれば、すでに高木はそういう存在だ。非情なる戦いを冷静に振り返る中で、時折ふっと放つ短いパスに翻弄されては、頭を抱えながら楽しんでいる。

紀元杉を見上げて思うこと

２０２２年秋。高木は生まれ育った長崎県南島原の実家に滞在していた。

監督として率いた6チーム目にあたるＳＣ相模原での任を5月に解かれ、ひさしぶりのブランク。父の初盆を終え、長男として、ずっと出来ずにいたご近所づきあいもする。大木武監督率いるロアッソ熊本や川井健太監督のサガン鳥栖など近隣のチームの練習を見に行ったりゆっくり読書したりと、チームを率いているときには出来ないインプットを通じて考察を深める時間も得た。

38歳で初めてテクニカルエリアに立った日から時は流れ、見える景色もずいぶん変わった。戦術のトレンドや情報の流れ、ＦＩＦＡやＪリーグの構造とレギュレーション。世界が新型コロナウイルス禍に見舞われたここ数年は交代枠が増え、飲水タイムが導入されたり廃止されたりもして、戦い方そのものが変化している。

海外挑戦や上位カテゴリーのクラブからの引き抜きで、シーズン中でもチームの中心選手が突然いなくなるケースも多くなった。そういう状況下ではかつてのように腰を据えて3年計画を語ることも難しくなってくる。クラブのあり方も以前とはだいぶ異なり、若い社長が誕生したり、地方クラブが企業チームに転身したりといった事例が増えてきた。

結果を求められ、それを果たせなければ任を解かれるというシンプルな世界であることには変わりがないが、その求められる「結果」の内容が多岐にわたりつつあることも感じられる。

「クラブは監督に何を求めているのか。結果も重視しなくてはならないけれど、やっぱり見にきてくださるサポーターやお客さんが満足できるような試合やプレーを出来たかどうか、そういうところも多分、評価の基準となっていきます。なので、会社の考えるビジネスと監督のクラブに対しての役割は、そのクラブごとに変わってくるところがある。収益を上げるためには勝たなくてはならないだろうけど、勝敗よりも『いいサッカー』をしているから見にくるんだよという人もいるだろうし。もっとも何をもって『いいサッカー』と言うのかも、簡単には言えないんですけど、そういう部分に魅力を感じてくださるサポーターやスポンサーさんもいらっしゃるかもしれないし。サッカーもいろいろと難しくなっていますけど、会社のビジネスという観点に関しても、難しくなってきているなという印象がちょっとあります。いままでよりもいろんな人たちが新たに関わってくるようになっていますし、監督も、より密にコミュニケーションを取っていくことが大事になってくるでしょうね」

そういうことも鑑みながら、サッカーはよりリスクを負いながら攻撃志向を強めることが、個人と組織のクオリティー向上につながるのではないかと考える。

「長く現代サッカーを見ていくと、次に起こる変化って何だろうなと、やっぱり考えますよね。絶対に変化するものなので。それがどういうことを意味するのかな、などと考えながら見ています」

プレーヤーとしてもスタッフとしても、苦しい時間のほうが圧倒的に多いサッカー人生。監督としての半生を振り返るとき、高木は言う。

「僕自身はいろんな経験をすることが出来て、いい時間を過ごしてきました。単純に勝った負けたということも含めて、自分のやり方はどうだったかと、つねに学ぶことは多かったです。難しい経験があったときほど、その次のときが面白い。自分が上手くやれなかったことを振り返りながら『これが足りなかったな、これはダメだったな』と自分にフィードバックして、次のチャンスでアウトプットする。監督を辞めようと思ったことは一度もありません。悔やむことは何もないですね」

成長と勝利を求めてひたすらに戦い続けてきた日々。気がつけば監督としてもベテランと呼ばれる年齢になってきた。若い頃によく年長者から「人生とは」といった話を聞かされたことが、いまは逆の立場としてわかるような気もする。

「だけど、紀元杉を見上げて思うんです。この杉は何千年も生きているけど、自分はまだ何十年。本当にちっぽけな悩みだなと。それでも年齢を重ねて、いろんなことを受け入れられるようになって、また違った目線になっていくものがあります」

じゃあやっぱりあのとき、横浜FCで監督になれと周りの人に背中を押されてよかったですね、と訊ねると高木は大らかに笑った。

「そうですね。『押すなよ』って言うようなこともあったかもしれないけど。でも、いまは僕はよかったなと思っています」

2022年12月7日。フロントの新体制を発表したV・ファーレン長崎の役員一覧に、高木の名があった。役職は取締役兼CRO、クラブリレーションズオフィサーだ。地元のクラブのために、2023年は監督とは異なる立場で力を尽くす。

おわりに

自らの成功体験について語ることはやぶさかではなくても、失敗体験について語ることには多少なりとも抵抗が生じる。

けれど、失敗を語れる人こそが、真の強者であり成功者であるように思う。それはすでに過去の自分を分析し、乗り越えている証だからだ。

素晴らしいゴールシーンや失点に直結した痛恨のミスがいつまでも思い出されるように、成功と失敗は、その当人だけでなく見る者の脳裏にも、強烈な印象として刻まれる。成功と失敗との分岐点には判断や決断があり、その選択は結果をもって評価されることになる。もちろん成功するほうが望ましいに決まっているが、そこでの失敗がその後のより大きな成功へのきっかけになることも多いから、結論は簡単に出すわけにいかない。なんなら「人生最高の失敗」というものだって、あり得るのではないか。

「これまでの監督経験の中で、いちばんの決断について聞かせてください」

そんな問いかけを起点とした、9名の指揮官へのアプローチ。それぞれに真っ向から真摯に考え、応えていただいた。

番記者として担当する大分トリニータで指揮を執った監督たちについては、日々グラウンドに通って取材を重ねたものをもとに。そうでない監督たちとは、彼らの率いるチームとの対戦を重ねながら記者会見や囲み取材でやりとりしたことを糧に、関係性を築き、取材を進めていった。

たとえ敵将として立ちはだかる存在であっても、その全力での戦いぶりには魅力しか感じない、そういう監督たちに登場いただけたと思っている。

まずは取材に快くご協力くださった指揮官やそれぞれのクラブのみなさまに厚く御礼申し上げます。

そしてこの企画を相談した日から辛抱強くつきあってくださったエクスナレッジ社の森哲也さん、普段は栃木ＳＣの番記者として仲良くしてくださっている鈴木康浩さんというふたりの信頼できる編集者に助けていただきながら、刊行に漕ぎ着けたことに感謝いたします。原稿は進んでいるかと日々気にかけてくれた身近な人にも、あらためて、ありがとうを伝えさせてください。

サッカーが、Ｊリーグがそうであるように、この一冊もまた極上のエンターテインメントとしてみなさまのお手元に届きますように。

2023年3月　ひぐらし ひなつ